梁高僧传

中国佛学经典宝藏

103

赖永海 释译

星云大师总监修

人民东方出版传媒
東方出版社

《中国佛学经典宝藏》
大陆简体字版编审委员会

总序

星云

自读首楞严，从此不尝人间糟糠味；

认识华严经，方知已是佛法富贵人。

诚然，佛教三藏十二部经有如暗夜之灯炬、苦海之宝筏，为人生带来光明与幸福，古德这首诗偈可说一语道尽行者阅藏慕道、顶戴感恩的心情！可惜佛教经典因为卷帙浩瀚、古文艰涩，常使忙碌的现代人有义理远隔、望而生畏之憾，因此多少年来，我一直想编纂一套白话佛典，以使法雨均沾，普利十方。

一九九一年，这个心愿总算有了眉目。是年，佛光山在中国大陆广州市召开“白话佛经编纂会议”，将该套丛书定名为《中国佛教经典宝藏》①。后来几经集思广

① 编者注：《中国佛教经典宝藏》丛书，大陆出版时改为《中国佛学经典宝藏》丛书。

益，大家决定其所呈现的风格应该具备下列四项要点：

一、启发思想：全套《中国佛教经典宝藏》共计百余册，依大乘、小乘、禅、净、密等性质编号排序，所选经典均具三点特色：

1. 历史意义的深远性
2. 中国文化的影响性
3. 人间佛教的理念性

二、通顺易懂：每册书均设有原典、注释、译文等单元，其中文句铺排力求流畅通顺，遣词用字力求深入浅出，期使读者能一目了然，契入妙谛。

三、文简意赅：以专章解析每部经的全貌，并且搜罗重要的章句，介绍该经的精神所在，俾使读者对每部经义都能透彻了解，并且免于以偏概全之谬误。

四、雅俗共赏：《中国佛教经典宝藏》虽是白话佛典，但亦兼具通俗文艺与学术价值，以达到雅俗共赏、三根普被的效果，所以每册书均以题解、源流、解说等章节，阐述经文的时代背景、影响价值及在佛教历史和思想演变上的地位角色。

兹值佛光山开山三十周年，诸方贤圣齐来庆祝，历经五载、集二百余人心血结晶的百余册《中国佛教经典宝藏》也于此时隆重推出，可谓意义非凡，论其成就，则有四点可与大家共同分享：

一、佛教史上的开创之举：民国以来的白话佛经翻译虽然很多，但都是法师或居士个人的开示讲稿或零星的研究心得，由于缺乏整体性的计划，读者也不易窥探佛法之堂奥。有鉴于此，《中国佛教经典宝藏》丛书突破窠臼，将古来经律论中之重要著作，做有系统的整理，为佛典翻译史写下新页！

二、杰出学者的集体创作：《中国佛教经典宝藏》丛书结合中国大陆北京、南京各地名校的百位教授、学者通力撰稿，其中博士学位者占百分之八十，其他均拥有硕士学位，在当今出版界各种读物中难得一见。

三、两岸佛学的交流互动：《中国佛教经典宝藏》撰述大部分由大陆饱学能文之教授负责，并搜录台湾教界大德和居士们的论著，借此衔接两岸佛学，使有互动的因缘。编审部分则由台湾和大陆学有专精之学者从事，不仅对中国大陆研究佛学风气具有带动启发之作用，对于台海两岸佛学交流更是帮助良多。

四、白话佛典的精华集萃：《中国佛教经典宝藏》将佛典里具有思想性、启发性、教育性、人间性的章节做重点式的集萃整理，有别于坊间一般“照本翻译”的白话佛典，使读者能充分享受“深入经藏，智慧如海”的法喜。

今《中国佛教经典宝藏》付梓在即，吾欣然为之作序，并借此感谢慈惠、依空等人百忙之中，指导编修；吉广舆等人奔走两岸，穿针引线；以及王志远、赖永海等大陆教授的辛勤撰述；刘国香、陈慧剑等台湾学者的周详审核；满济、永应等“宝藏小组”人员的汇编印行。他们的同心协力，使得这项伟大的事业得以不负众望，功竟圆成！

《中国佛教经典宝藏》虽说是大家精心擘划、全力以赴的巨作，但经义深邈，实难尽备；法海浩瀚，亦恐有遗珠之憾；加以时代之动乱，文化之激荡，学者教授于契合佛心，或有差距之处。凡此失漏必然甚多，星云谨以愚诚，祈求诸方大德不吝指正，是所至祷。

一九九六年五月十六日于佛光山

原版序
敲门处处有人应

慈惠

《中国佛教经典宝藏》是佛光山继《佛光大藏经》之后，推展人间佛教的百册丛书，以将传统《大藏经》精华化、白话化、现代化为宗旨，力求佛经宝藏再现今世，以通俗亲切的面貌，温渥现代人的心灵。

佛光山开山三十年以来，家师星云上人致力推展人间佛教，不遗余力，各种文化、教育事业蓬勃创办，全世界弘法度化之道场应机兴建，蔚为中国现代佛教之新气象。这一套白话精华大藏经，亦是大师弘教传法的深心悲愿之一。从开始构想、擘划到广州会议落实，无不出自大师高瞻远瞩之眼光，从逐年组稿到编辑出版，幸赖大师无限关注支持，乃有这一套现代白话之大藏经问世。

这是一套多层次、多角度、全方位反映传统佛教文化的丛书，取其精华，舍其艰涩，希望既能将《大藏经》

深睿的奥义妙法再现今世，也能为现代人提供学佛求法的方便舟筏。我们祈望《中国佛教经典宝藏》具有四种功用：

一、是传统佛典的精华书

中国佛教典籍汗牛充栋，一套《大藏经》就有九千余卷，穷年皓首都研读不完，无从赈济现代人的枯槁心灵。《宝藏》希望是一滴浓缩的法水，既不失《大藏经》的法味，又能有稍浸即润的方便，所以选择了取精用弘的摘引方式，以舍弃庞杂的枝节。由于执笔学者各有不同的取舍角度，其间难免有所缺失，谨请十方仁者鉴谅。

二、是深入浅出的工具书

现代人离古愈远，愈缺乏解读古籍的能力，往往视《大藏经》为艰涩难懂之天书，明知其中有汪洋浩瀚之生命智慧，亦只能望洋兴叹，欲渡无舟。《宝藏》希望是一艘现代化的舟筏，以通俗浅显的白话文字，提供读者遨游佛法义海的工具。应邀执笔的学者虽然多具佛学素养，但大陆对白话写作之领会角度不同，表达方式与台湾有相当差距，造成编写过程中对深厚佛学素养与流畅白话语言不易兼顾的困扰，两全为难。

三、是学佛入门的指引书

佛教经典有八万四千法门，门门可以深入，门门是无限宽广的证悟途径，可惜缺乏大众化的入门导览，不易寻觅捷径。《宝藏》希望是一支指引方向的路标，协助十方大众深入经藏，从先贤的智慧中汲取养分，成就无上的人生福泽。

四、是解深入密的参考书

佛陀遗教不仅是亚洲人民的精神归依，也是世界众生的心灵宝藏。可惜经文古奥，缺乏现代化传播，一旦庞大经藏沦为学术研究之训诂工具，佛教如何能扎根于民间？如何普济僧俗两众？我们希望《宝藏》是百粒芥子，稍稍显现一些须弥山的法相，使读者由浅入深，略窥三昧法要。各书对经藏之解读诠释角度或有不足，我们开拓白话经藏的心意却是虔诚的，若能引领读者进一步深研三藏教理，则是我们的衷心微愿。

大陆版序一

杜继文

《中国佛教经典宝藏》是一套对主要佛教经典进行精选、注译、经义阐释、源流梳理、学术价值分析，并把它们翻译成现代白话文的大型佛学丛书，成书于二十世纪九十年代，由台湾佛光文化事业有限公司出版，星云大师担任总监修，由大陆的杜继文、方立天以及台湾的星云大师、圣严法师等两岸百余位知名学者、法师共同编撰完成。十几年来，这套丛书在两岸的学术界和佛教界产生了巨大的影响，对研究、弘扬作为中国传统文化重要组成部分的佛教文化，推动两岸的文化学术交流发挥了十分重要的作用。

《中国佛学经典宝藏》则是《中国佛教经典宝藏》的简体字修订版。之所以要出版这套丛书，主要基于以下的考虑：

首先，佛教有三藏十二部经、八万四千法门，典籍浩瀚，博大精深，即便是专业研究者，穷其一生之精力，恐也难阅尽所有经典，因此之故，有“精选”之举。

其次，佛教源于印度，汉传佛教的经论多译自梵语；加之，代有译人，版本众多，或随音，或意译，同一经文，往往表述各异。究竟哪一种版本更契合读者根机？哪一个注疏对读者理解经论大意更有助益？编撰者除了标明所依据版本外，对各部经论之版本和注疏源流也进行了系统的梳理。

再次，佛典名相繁复，义理艰深，即便识得其文其字，文字背后的义理，诚非一望便知。为此，注译者特地对诸多冷僻文字和艰涩名相，进行了力所能及的注解和阐析，并把所选经文全部翻译成现代汉语。希望这些注译，能成为修习者得月之手指、渡河之舟楫。

最后，研习经论，旨在借教悟宗、识义得意。为了将其思想义理和现当代价值揭示出来，编撰者对各部经论的篇章品目、思想脉络、义理蕴涵、学术价值等所做的发掘和剖析，真可谓殚精竭虑、苦心孤诣！当然，佛理幽深，欲入其堂奥、得其真义，诚非易事！我们不敢奢求对于各部经论的解读都能鞭辟入里，字字珠玑，但希望能对读者的理解经义有所启迪！

习近平主席最近指出：“佛教产生于古代印度，但传入中国后，经过长期演化，佛教同中国儒家文化和道家文化融合发展，最终形成了具有中国特色的佛教文化，给中国人的宗教信仰、哲学观念、文学艺术、礼仪习俗等留下了深刻影响。”如何去研究、传承和弘扬优秀佛教文化，是摆在我们面前的一个重要课题，人民东方出版传媒有限公司拟对繁体字版的《中国佛教经典宝藏》进行修订，并出版简体字版的《中国佛学经典宝藏》，随喜赞叹，寥寄数语，以叙因缘，是为序。

二〇一六年春于南京大学

大陆版序二

依空

身材高大、肤色白皙、擅长军事的亚利安人，在公元前四千五百多年从中亚攻入西北印度，把当地土著征服之后，为了彻底统治这里的人民，建立了牢不可破的种姓制度，创造了无数的神衹，主要有创造神梵天、破坏神湿婆、保护神毗婆奴。人们的祸福由梵天决定，为了取悦梵天大神，需要透过婆罗门来沟通，因为他们是从梵天的口舌之中生出，懂得梵天的语言——繁复深奥的梵文，婆罗门阶级是宗教祭祀师，负责教育，更掌控了神与人之间往来的话语权。四种姓中最重要的是刹帝利，举凡国家的政治、经济、军事、文化等等都由他们实际操作，属贵族阶级，由梵天的胸部生出。吠舍则是士农工商的平民百姓，由梵天的膝盖以上生出。首陀罗则是被踩在梵天脚下的土著。前三者可以轮回，纵然几世轮转都无法脱离原来种姓，称为再生族；首陀罗则连轮回的因缘都没有，为不生族，生生世世为首陀罗，子孙也倒霉跟着宿命，无法改变身份。相对于此，贱民比首陀罗更为卑微、低贱，连四种姓都无法跻身其中，只能从事挑粪、焚化尸体等最卑贱、龌龊的工作。

出身于高贵种姓释迦族的悉达多太子，为了打破种姓制度的桎梏，舍弃既有的优越族姓，主张一切众生皆平等，成正等觉，创立了佛教僧团。为了贯彻佛教的平等思想，佛陀不仅先度首陀罗身份的优婆离出家，后度释迦族的七王子，先入山门为师兄，树立僧团伦理制度。佛陀更严禁弟子们用贵族的语言——梵文宣讲佛法，而以人民容易理解的地方口语来演说法义，这就是巴利文经典的滥觞。佛陀认为真理不应该是属于少数贵族、知识分子的专利或装饰，而应该更贴近普罗大众，属于平民百姓共有共知。原来佛陀早就在推动佛法的普遍化、大众化、白话化的伟大工作。

佛教从西汉哀帝末年传入中国，历经东汉、魏晋南北朝、隋唐的漫长艰巨的译经过程，加上历代各宗派祖师的著作，积累了庞博浩瀚的汉传佛教典籍。这些经论义理深奥隐晦，加以书写的语言文字为千年以前的古汉文，增加现代人阅读的困难，只能望着汗牛充栋的三藏十二部扼腕慨叹，裹足不前。

如何让大众轻松深入佛法大海，直探佛陀本怀？佛光山开山宗长星云大师乃发起编纂《中国佛教经典宝藏》。一九九一年，先在大陆广州召开“白话佛经编纂会议”，订定一百本的经论种类、编写体例、字数等事项，礼聘中国社科院的王志远教授、南京大学的赖永海教授分别为中国大陆北方与南方的总联络人，邀请大陆各大学的佛教学者撰文，后来增加台湾部分的三十二本，是为一百三十二册的《中国佛教经典宝藏精选白话版》，于一九九七年，作为佛光山开山三十周年的献礼，隆重出版。

六七年间我个人参与最初的筹划，多次奔波往来于大陆与台湾，小心谨慎带回作者原稿，印刷出版、营销推广。看到它成为佛教徒家中的传家宝藏，有心了解佛学的莘莘学子的入门指南书，为星云大师监修此部宝藏的愿心深感赞叹，既上契佛陀“佛法不舍一众”的慈悲本怀，更下启人间佛教“普世益人”的平等精神。尤其可喜者，欣闻现大陆出版方东方出版社潘少平总裁、彭明哲副总编亲自担纲筹划，组织资深编辑精校精勘；更有旅美企业家鲁彼德先生事业有成之际，秉“十方来，十方去，共成十方事”之襟怀，促成简体字版《中国佛学经典宝藏》的刊行。今付梓在即，是为序，以表随喜祝贺之忱！

二〇一六年元月

目　录

题　解　001

经典　009

1　慧皎序　011

2　译经　019

汉洛阳白马寺摄摩腾　019

汉洛阳白马寺竺法兰　023

汉洛阳安清　026

汉洛阳支娄迦谶　038

吴建业建初寺康僧会　042

晋庐山僧伽提婆　055

晋长安竺佛念　060

晋长安鸠摩罗什　063

晋长安佛陀耶舍　092

晋京师道场寺佛驮跋陀罗　100

晋河西昙无谶　111
宋江陵辛寺释法显　124
宋京师道林寺畺良耶舍　135
宋京师中兴寺求那跋陀罗　137
3　义解　148
晋洛阳朱士行　148
晋剡沃洲山支遁　153
晋长安五级寺释道安　167
晋庐山释慧远　189
晋彭城郡释道融　212
晋长安释僧睿　217
晋长安释僧肇　222
宋京师龙光寺竺道生　235
宋京师东安寺释慧严　243
宋京师道场寺释慧观　247
梁京师灵味寺释宝亮　250
4　神异　255
晋邺中竺佛图澄　255
5　习禅　284
晋剡隐岳山帛僧光　284
6　明律　287
齐京师建初寺释僧祐　287

7　忘身　291

宋彭城驾山释昙称　291

8　诵经　294

晋蜀三贤寺释僧生　294

9　兴福　296

宋京师释僧亮　296

10　经师　300

宋安乐寺释道慧　300

11　唱导　302

宋京师祇洹寺释道照　302

源　流　305

解　说　313

参考书目　319

题解

《梁高僧传》，又称《高僧传初集》或简称《高僧传》，是中国佛教史上第一部有系统的僧传。

佛教自两汉之际传入中土后，许多印度和西域僧人陆续来到汉地，至魏晋南北朝，来华僧人日多。随着佛教在中土的迅速发展及僧人在社会活动中影响的不断扩大，僧俗二界陆续出现了一些记述僧人之译经、弘法及其他活动的书（具体书目详见本书的“源流”部分）。这些书有的直接以僧传命名，有的以记叙寺塔为主，附载僧人之行事活动，有的则是在记述世间的鬼怪神异故事中附见僧人的事迹。但不管哪一类书，其所载之僧人或僧人之事迹，或仅举一方，或只限一时，或唯叙一迹，或偏重一行，或记述简要，或事迹缺略，某一僧人之主要事迹既难完全包容，更不能反映时代佛教活动之概貌，有鉴于此，南朝梁代僧人慧皎决意写出一部能够较全面反映自汉至梁僧侣活动概况之著作，于是有《高僧传》之撰著。

《高僧传》在相当程度上是前人有关高僧传记的综合，并加以创造性分类和编辑，它克服了以往僧传只限于一时一地、一行一迹之局限，而把佛教传入中土之后（汉明帝永平十年，即公元六七年）至梁天监十八年（公元五一九年）共四百五十三年间的主要僧人尽收其中，所收录的高僧达二百五十七位，加上附见傍出者二百多位，实收僧人五百多位，涵盖时间之长，所收僧人之多，都是以往僧传所无法比拟的。

其次，《高僧传》在体例编排上富有创造性，全传分为十科，先译经，次义解，此外还有神异、习禅、明律、忘身、诵经、兴福、经师、唱导等诸科。

译经者，亦即翻译佛教经典。佛教东传之初，此译经工作最是重要，因此，本传既把译经僧放于篇首，而且所收人数亦多，有三十五人，所占篇幅也大，共三卷（卷一至卷三）。慧皎之所以这么处理，是因为他认为："法流东土，盖由传译之勋。"也就是说，佛教在中土之流布，经典的传译应该记头功。当然，佛经的传译往往不是一人之力，一时之功。如在本传中人们常常可以看到，某某经典之翻译是由某人口宣梵文，某人证文，某人笔受等，这是由于当时兼通梵汉的僧人甚寡，同时为了使所译经典尽可能准确无误，因此佛经的翻译往往须由多人合作而成。大致而言，一个译场常设有如下数职：一是译主，即坐于正面口宣梵文者；二是证义，即坐于译主之左，评判译文是否正确者；三是证文，即坐于译主右侧，审查译主所宣梵文之正误者；四是笔受，即将梵音翻为汉文者；五是参译，对照梵、汉文之正误者；六是缀文，即把文字连缀成句者；七是润文，即坐于南面饰润译文者。此外，还有专事削文定义之所谓“刊定”和把梵音如实写成汉字之“书字梵学僧”等。可见，包括本传在内的佛教典籍所说的某某经典为某人所译，一般是指主译，并非指整部经典的翻译都是由他一人完成。

所谓义解，用慧皎的话说，即“慧解开神”。通俗地说，亦即分析字义，解释义理。这在佛教东传之初也至关重要，因此，本传所收之僧人，以义解僧为最多，共一百零一人，所占篇幅亦最大，共五卷（卷四至卷八）。

神异者，慧皎在序中曰：“通感适化，则疆暴以绥。”亦即借助于神通感应之力量，惩恶扬善、抑暴安良，使正法弘扬，教化隆盛。佛教初传，神异作用颇大，因此慧皎颇重此科，共收神异僧二十人，占二卷（卷九、卷十）。

习禅者，即修习禅定，增长功德。本传于卷十一前半部收禅僧二十一人。

明律者，即于己持戒严谨，戒行精进；于律藏之修治、弘传，孜孜不倦，卓有成就，遂使律典日趋完备，修行者有所依止。本传于卷十一后半部收律僧十三人。

忘身者，亦即为了济生利众、弘扬佛法，赴汤蹈火在所不辞，身心性命在所不惜，有如释迦之舍身饲虎，割肉喂鹰。本传卷十二前半部收忘身僧十一人。

诵经者，亦即讽咏、读诵经典。此法原为婆罗门六行之一，后来佛教亦因袭之，并有三时诵经、祝圣诵经、应供诵经之分。本传卷十二后半部收诵经僧二十一人。

兴福者，亦即行善积德，广种福田。慧皎在本科的论赞中道："入道必以智慧为本，智慧必以福德为基。譬犹鸟备二翼，一举万寻。"此谓福德与智慧，有如鸟之双翼，不可或缺。在佛教流传初期，此兴福一门乃是佛教扩大社会影响的一个重要方面，因此，颇受当时佛教界的重视。本传卷十三前部分收兴福僧十四人。

经师者，本传中专指巧于讽诵经文之僧人。慧皎论曰："自大教东流，乃译文者众，而传声盖寡"，但若"唯文而不声，则俗情无以得入。"因此讽诵经文应该声文并茂，经师之特点即是二者兼而有之，因而不但能传述义理，而且能表达情志。这种方法在魏晋南北朝时颇为盛行。本传卷十三中间部分收经师十一人。

最后一科是唱导。唱导者，慧皎在论赞中曰："盖以宣唱法理，开导众心也。"唱导师常常借助于因缘譬喻，以增加讲演的趣味性，这是一种把讲经、弘法通俗化的好方式，六朝颇风行，出现了一些很有影响的唱导师。本传卷十三后部分收唱导师十人。

本传之卷十四为序录，包括慧皎自序及本书总目录并慧皎与王曼颖往返文书二篇。序文主要记述本传写作之缘起及内容构成，王曼颖给慧皎之信有若本传之跋，而慧皎之复信除了对王曼颖之推赞本传表示谢意之外，又复述写作本传之因由，首尾照应，体式完整。

第三，此僧传除了具有较完整的体系构架外，还有一个重要特点，即在各科末尾，都附有作者之论赞。论赞一般先叙大意，再辩时人，讨核源流，商榷取舍，是各科思想内涵点睛之笔，很值得一读。

第四，相对于以往各种僧传言，本传的长处是跨历之时限最长，涵盖之地域最广，收录之僧人最多，体式最完整，资料亦最丰富。但是，由于作者生当南北朝，天下分治，南北对峙，故本传所收，"偏在江左诸僧"，尽管其时江北也有不少高僧大德，但收入本传者，寥寥无几，这不能不说是一个缺憾。

本传作者慧皎，南朝梁代会稽上虞（今浙江省绍兴市上虞区）人。据考证，他生于齐明帝建武四年（公元四九七年），卒于梁元帝承圣三年（公元五五四年），世寿五十八。至于姓氏，唐道宣之《高僧传·慧皎传》称“未详氏族”，今亦无从确考。对于他的生平事迹，其本传中也语焉不详，但从有关资料得知，他是一个“学通内外，博训经律”之高僧，曾住会稽（在今浙江省绍兴市）嘉祥寺，春夏二季弘法，秋冬二季著述，除本《高僧传》外，还撰有《涅槃经义疏》十卷及《梵网经疏》。可惜后两种著作早已亡佚。

《高僧传》全书十四卷，以如此之篇幅去记叙五百多年间中土之僧人，每个入传者无疑都是当时或该科之“高僧”，但因本书篇幅所限，这里不可能全部收录，而只能选录那些在整个中国佛教史上都具有相当影响的高僧。至于每一僧传之取舍，除个别篇幅较长的僧传采用节选外，其余的都取传记全文，以保持资料的完整性。

经典

1 慧皎序

原典

……洪风既扇，大化斯融。自尔西域名僧，往往而至。或传度经法，或教授禅道；或以异迹化人，或以神力拯物。

自汉之梁，纪历弥远，世践六代，年将五百。此土桑门，含章秀发，群英间出，迭有其人。众家记录，叙载各异：沙门法济，偏叙高逸一迹；沙门法安，但列志节一行；沙门僧宝，止命游方一科；沙门法进，乃通撰论传，而辞事阙略。并皆互有繁简，出没成异。考之行事，未见其归宗。

临川康王义庆《宣验记》及《幽明录》、太原王琰《冥祥记》、彭城刘悛《益部寺记》、沙门昙宗《京师寺记》、太原王延秀《感应传》、朱君台《征应传》、陶渊明《搜神录》，并傍出诸僧，叙其风素，而皆是附见，亟多疏阙。

齐竟陵文宣王《三宝记传》，或称《佛史》，或号《僧录》，既三宝共叙，辞旨相关，混滥难求，更为芜昧；琅琊王巾所撰《僧史》，意似该综，而文体未足；沙门僧祐撰《三藏记》，止有三十余僧，所无甚众；中书郗景兴《东山僧传》、治中张孝季《庐山僧传》、中书陆明霞《沙门传》，各竞举一方，不通今古，务存一善，不及余行。

逮于即时，亦继有作者，然或褒赞之下，过相揄扬；或叙事之中，空引辞费，求之实理，无的可称；或复嫌以繁广，删减其事，而抗迹之畴，多所遗削。……

尝以暇日遇览群作，辄搜捡杂录数十余家，及晋、宋、齐、梁春秋书史，秦、赵、燕、凉荒朝伪历，地理杂篇，孤文片记，并博谘故老，广访先达，校其有无，取其同异。始于汉明帝永平十年，终至梁天监十八年，凡四百五十三载，二百五十七人，又傍出附见者二百余人。开其德业，大为十例：一曰译经，二曰义解，三曰神异，四曰习禅，五曰明律，六曰遗身，七曰诵经，八曰兴福，九曰经师，十曰唱导。

然法流东土，盖由传译之勋。或逾越沙险，汎漾洪波，皆亡形殉道，委命弘法。震旦开明，一焉是赖，兹德可崇，故列之篇首；至若慧解开神，则道兼万亿；通感适化，则疆暴以绥；靖念安禅，则功德森茂；弘赞毗尼，则禁行清洁；忘形遗体，则矜吝革心；歌诵法言，则幽显含庆；树兴福善，则遗像可传。

凡此八科，并以轨迹不同，化洽殊异，而皆德效四依，功在三业。故为群经之所称美，众圣之所褒述。及夫讨核源流，商搉取舍，皆列诸赞论，备之后文。而论所著辞，微异恒体：始标大意，犹类前序；末辩时人，事同后仪。若间施前后，如谓烦杂，故总布一科之末，通称为论。

其转读、宣唱，原出非远，然而应机悟俗，实有偏功，故齐宋杂记咸条列秀者。今之所取，必其制用超绝，及有一分通感，乃编之传末；如或异者，非所存焉。

凡十科所叙，皆散在众记，今止删聚一处，故述而无作。俾夫披览于一本之内，可兼诸要，其有繁辞虚赞，或德不及称者，一皆省略。故述六代贤异，止为十三卷，并序录合十四轴，号曰《高僧传》。自前代所撰，多曰名僧。然名者本实之宾也。若实行潜光，则高而不名；寡德适时，则名而不高。名而不高，本非所纪；高而不名，则备今录。故省名音，代以高字。其间草创，或有遗逸。今此十四卷，备赞论者，意以为定，如未隐括，览者详焉。

《藏》内《高僧传》，凡有四部，此其一也。古本十四轴，今作十六卷，至梁天监中而止；唐释道宣续之，终于贞观间，凡四十卷，名曰《续高僧传》；宋释赞宁又续之，迄于端拱之初，凡三十卷，名曰《宋高僧传》；至明季沙门如惺，辑录南宋元明大德，仅成六卷，名曰《明高僧传》。窃以宋明二传，命名未恰。盖宋传中唐、五代人居多，而明传中宋、元人居多也。今酌易其名，于第一部，则曰《高僧传初集》。续传则曰二集，宋传则曰三集。至于明传遗漏殊多，未臻完善，拟博采群书，自北宋以迄于今，择其道行超卓者，汇为一编，名曰四集。由斯以降，续续无尽，是所望于将来。光绪十年夏六月，后学杨文会谨识。

译文

……自从佛法东渐之后，西域名僧，纷纷来到中土。或传译经典，或教授禅道；或借神通度人，或以法力济世。

自汉至梁，历时六代，近五百年。此汉地沙门，亦名僧辈出，代有其人。众家记录、叙述各异：沙门法济所记，偏重于德行高逸之大德；沙门法安，只列志节高尚之僧人；沙门僧宝，仅记述游方僧众；沙门法进，虽通撰论传，但事迹缺略。此中诸记，互有繁简，各有殊异。多只考录其日常行事，都不曾做出梳理、归纳。

临川康王刘义庆《宣验记》及《幽明录》、太原王琰《冥祥记》、彭城刘悛《益部寺记》、沙门昙宗《京师寺记》、太原王延秀《感应传》、朱君台《征应传》、陶渊明《搜神录》等，都旁列诸僧，叙其事迹、风貌，但都是作为附录，语焉不详，多所缺略。

齐竟陵文宣王《三宝记传》，或称之为《佛史》，或号之曰《僧录》，因为佛、法、僧三宝一并叙述，故混杂不堪，很难寻求；琅琊王巾所撰《僧史》，似乎着意于概括、统贯，但文体未足；沙门僧祐所撰《出三藏记集》，只载有三十多位僧人，缺略者甚多；郗超之《东山僧传》、张孝季之《庐山僧传》、陆明霞《沙门传》等等，都各列一方之僧侣，又非贯通古今，且多仅举一、二善行，不及其余。

直到今日，虽也偶有继作僧传之人，但或者偏重于赞颂、褒奖，多有抑扬之意；或者在叙事之中，空引冗辞赘语，并无实理可称；或者因嫌烦琐芜杂，删除其行事活动，因之事迹多所遗略。……

我曾在平日余暇，阅览各种典籍，搜集、检录凡数十余家，以及晋、宋、齐、梁春秋书史，秦、赵、燕、凉各朝资料，地理杂记孤文片记，并且多方咨询故老，广泛访问先达，加以整理、校勘，取同存异。始自汉明帝永平十年（公元六七年），终于梁天监十八年（公元五一九年），凡四百五十三载，共收录二百五十七人，又傍出附见者二百余人。按其德业，开为十类：一曰译经，二曰义解，三曰神异，四曰习禅，五曰明律，六曰遗身，七曰诵经，八曰兴福，九曰经师，十曰唱导。

佛法之东渐中土，首推传译经典之功。这些传译经典之高僧，或跨越沙漠、天险，或千里飘洋过海，为了弘扬佛法，身命在所不惜。中土佛法之传布，多依赖此等高僧传扬之力，其德可敬可崇，故译经一类，列之篇首；至于阐析义理，则使佛道弘扬四方，众人受益；神通变化，则能除暴安良；静心习禅，则功德深隆；弘扬、赞颂戒律，则禁行清洁；忘形捐躯，则能培植慈悲喜舍之心；歌诵经典，则幽显同庆；兴福行善，则使佛教得以弘扬、传布。

凡此八科，各以不同之形式，传扬佛法，普行教化，其德皆在导人入于圣道，其功则能净人之身、口、意三业。所以为群经所称颂，众圣所褒扬。至于讨核源流，商榷取舍，都列于赞论之中，附于文后。而论之内容，虽各有小异，而体式大致相同：即始标大意，犹如前序；末辩时人，如同后跋。若穿插其中，嫌其繁杂，故列于一科之末，通称为论。

至于转读、唱导，产生的时间不长，但应机悟俗，自有其独特之功，故齐、宋杂记，全都罗列一些出类拔萃之人。本书之所辑录者，亦多是一些影响较大的，对于那些只有一分通感者，则列之于传末；至于神仙方术之流，则不是本书所收录的对象。

本书所叙述的内容，原均散见众杂记之中，笔者所做的，只是加以取舍、删削，收集一处，所以可说是述而无作。为使人们可于一书之内，遍览众记之精要，所以凡是众记中繁辞虚赞，以及德行不堪入录者，一概省略。因此，虽是总述六代之贤达、高僧，总共才有十三卷，加上序、录等，合为十四轴，称为《高僧传》。以往所撰述的此类书，多称名僧。然而，名者，本是事实之宾词。若德行潜隐，则高而不名；反之，若德行平平而名扬一时，则虽著名但并非高僧。著名而德行平平，本来就不足入传；高僧而默默无名，则是本传所收录之对象。所以，本《高僧传》弃其“名”字，而代之以“高”字。因是草创，其间或多有遗漏。现此十四卷，尤其是论赞，意以为定，疏漏难免，读者详览可知。

〔近人杨文会按〕《大正藏》内的《高僧传》，共有四部，此慧皎所撰之《高僧传》是其中之一部。古本十四轴，现作十六卷，至梁天监中为止；唐道宣有续传，迄于唐贞观年间，凡四十卷，名曰《续高僧传》；宋赞宁又有续传，迄于端拱之初（公元九八八年），凡三十卷，名曰《宋高僧传》；至明沙门如惺，辑录南宋、元、明大德，只有六卷，名曰《明高僧传》。私下以为宋、明二传，命名未尽恰切。因为宋传中所收录的，唐、五代人居多；而明传中所收录的，宋、元人居多。今几经斟酌，更换其名，第一部称之为《高僧传初集》。唐续传称之为《高僧传二集》，宋传称之为《高僧传三集》。至于明传，因为遗漏很多，不尽完善，拟博采群书，自北宋至于现在，选择其道行卓越者，汇为一编，名曰四集。由此以降，续续无尽，则寄希望于将来。光绪十年（公元一八八四年）夏六月，后学杨文会谨识。

2　译经

汉洛阳白马寺摄摩腾

原典

摄摩腾[1]，本中天竺人，善风仪[2]，解大小乘经，常游化为任。昔经往天竺附庸小国，讲《金光明经》，会敌国侵境。腾惟曰："经云：能说此法，为地神所护，使所居安乐。今锋镝方始，曾是为益乎。"乃誓以忘身，躬往和劝，遂二国交欢，由是显誉。

逮汉永平中，明皇帝夜梦金人飞空而至，乃大集群臣，以占所梦。通人傅毅奉答："臣闻西域有神，其名曰佛，陛下所梦，将必是乎。"帝以为然，即遣郎中蔡愔、博士弟子秦景等，使往天竺，寻访佛法。愔等于彼遇见摩腾，乃要还汉地。腾誓志弘通，不惮疲苦，冒涉流沙，至乎洛邑，明帝甚加赏接，于城西门外立精舍以处之。汉地有沙门之始也。

但大法初传，未有归信，故蕴其深解，无所宣述。后少时卒于洛阳。有记云："腾译《四十二章经》一卷，初缄在兰台石室第十四间中。"腾所住处，今洛阳城西雍门外白马寺是也。相传云："外国国王尝毁破诸寺，唯招提寺未及毁坏，夜有一白马绕塔悲鸣，即以启王，王即停坏诸寺，因改招提以为白马。"故诸寺立名，多取则焉。

注释

①**摄摩腾：**又称迦叶摩腾、竺摄摩腾、竺叶摩腾，或略称摩腾，中印度人。最早把佛教传入我国之印度僧人。

②**风仪：**古代典籍有三种解释：一者释为风度仪表，如《世说新语·雅量》曰："庾太尉风仪伟长，不轻举止，时人皆以为假。"二者在有些典籍中指测风的仪器，如说"达因风仪"。三是禅宗特称宗师之风仪为宗风。

译文

摄摩腾，本是中印度人，风仪秀逸，善解大小乘经典，常四处游化、弘法。曾到当时印度一附属小国讲《金光明经》，正好遇上敌国侵犯该国。摄摩腾说："佛经上曰：能说此经，则为地神所护佑，使民众安乐。现在战端刚起，正是承蒙佛法护佑之时。"乃立誓舍身亲往敌国劝和，终于化干戈为玉帛，平息战端，二国和好，由此声名大振。

汉永平年间，明帝夜梦金人从空而至，乃大集群臣，占其所梦。通人傅毅答道："西域有神，其名曰佛，陛下所梦见的金人，大概就是佛。"明帝以为傅所说甚是，遂派郎中蔡愔、博士弟子秦景等为使者，去印度寻访佛法。蔡愔等到印度后，遇见摄摩腾，乃请他来中土。摩腾立志弘通佛法，遂不辞劳苦，穿越沙漠、大险，与蔡愔等来到洛阳，汉明帝以礼接待，重加赏赐，并于洛阳城西门外为之建立佛寺，让其安住。中土之有和尚，以此为最早。

但是佛法初传，中土人士尚少有归信者，因此，摄摩腾虽然对佛法有许多精辟、深刻见解，但无从宣说。过了不久，就死于洛阳。有记载曰："摄摩腾翻译了《四十二章经》一卷，起初存放于兰台（今湖北钟祥县东）石室第十四窟中。”摄摩腾所居住的地方，即现在洛阳城西雍门外白马寺。有传说曰：“外国国王曾经欲毁坏各种寺庙，只有招提寺未被毁坏，当夜有一白马绕塔悲鸣，有人把这情况报告了国王，国王即下令停止毁坏寺庙，并改招提寺为白马寺。”所以，后来寺院之立名，多仿效之。

汉洛阳白马寺竺法兰

原典

竺法兰，亦中天竺人，自言诵经论数万章，为天竺学者之师。时蔡愔既至彼国，兰与摩腾共契游化，遂相随而来。会彼学徒留碍，兰乃间行而至。既达洛阳，与腾同止，少时便善汉言。愔于西域获经，即为翻译，所谓《十地断结》《佛本生》《法海藏》《佛本行》《四十二章》等五部。移都寇乱，四部失本，不传江左[①]，唯《四十二章经》今见在，可二千余言。汉地见存诸经，唯此为始也。

愔又于西域得画释迦倚像，是优田王[②]栴檀像师第四作。既至洛阳，明帝即令画工图写，置清凉台中，及显节陵上。旧像今不复存焉。

又昔汉武穿昆明池底，得黑灰，问东方朔，朔云不知，可问西域胡人。后法兰既至，众人追以问之。兰云："世界终尽，劫火洞烧，此灰是也。"朔言有征，信者甚众。兰后卒于洛阳，春秋六十余矣。

注释

①**江左：**古人在地理上以东为左，以西为右，故江东又称江左。魏禧《日录杂说》中曰："江东称江左，江西称江右，盖自江北视之，江东在左，江西在右耳。"

②**优田王：**亦译作优填王、优陀延王、邬陀衍那王等，为佛世时憍赏弥国之王。据《增一阿含经》记载：彼时，优田王未能礼佛，忧苦悉病，群臣乃以牛头栴檀造一五尺佛像，王病乃愈。此为印度造佛像之滥觞。

译文

竺法兰，也是中印度人，自称曾诵经论数万章，为印度学者之师。当蔡愔到印度时，竺法兰与摄摩腾在一起游化，遂与摄摩腾一块到中土来。因其学徒劝阻，因此，就稍慢成行。到洛阳后，与摄摩腾住在一起。过了不久，就精通汉语。蔡愔在西域时，曾获得佛经，竺法兰即为翻译，译出了《十地断结》《佛本生》《法海藏》《佛本行》《四十二章》等五部经典。后因迁都及寇贼之乱，其中四部已佚失，不传江左（即江东），只有《四十二章经》尚存，共二千余字。中土佛经，以此《四十二章经》为最早。

蔡愔又于西域获得释迦牟尼画像，是优田王栴檀像师之第四作。带回洛阳后，汉明帝即令画工描绘，并把它放在清凉台中及显节陵上。原像今已不存。

还有，过去汉武帝挖掘昆明池，于池底得黑灰，武帝曾问东方朔此黑灰是什么东西，东方朔说他不晓得此为何物，请武帝再问西域来华之人。竺法兰到中土后，众人就问他，此黑灰究竟是什么东西？竺法兰说："世界毁灭时，劫火洞烧，此即是劫火所烧之灰烬。"东方朔所说的"可问西域来华之人"一说果真应验，因此相信者很多。竺法兰后死于洛阳，世寿六十多。

汉洛阳安清

原典

安清，字世高，安息[①]国王正后之太子也。幼以孝行见称，加又志业聪敏，克意好学，外国典籍及七曜[②]、五行[③]、医方、异术，乃至鸟兽之声，无不综达。尝行见群鷰，忽谓伴曰："鷰云应有送食者。"顷之，果有致焉，众咸奇之，故俊异之声早被西域。

高虽在居家，而奉戒精峻。王薨，便嗣父位。乃深惟苦空，厌离形器，行服既毕，遂让国与叔，出家修道。博晓经藏，尤精阿毗昙[④]学；讽持禅经，备尽其妙。既而游方弘化，遍历诸国，以汉桓之初，始到中夏。才悟机敏，一闻能达。至止未久，即通习华言，于是宣译众经，改梵为汉，出《安般守意》《阴持入经》大小十二门及百六十品。初外国三藏众护，撰述经要为二十七章，高乃剖析护所集七章，译为汉文，即《道地经》也。其先后所出经论，凡三十九部。义理明析，文字允正，辩而不华，质而不野。凡在读者，皆亹亹而不倦焉。

高穷理尽性，自识缘业，多有神迹，世莫能量。初高自称先身已经出家，有一同学多嗔，分卫[5]值施主不称，每辄怼恨。高屡加诃谏，终不悛改。如此二十余年，乃与同学词诀云："我当往广州，毕宿世之对。卿明经精勤，不在吾后，而性多恚怒，命过当受恶形。我若得道，必当相度。"既而遂适广州。

值寇贼大乱，行路逢一少年，唾手拔刀曰："真得汝矣。"高笑曰："我宿命负卿，故远来相偿，卿之忿怒，故是前世时意也。"遂伸颈受刃，容无惧色。贼遂杀之。观者填陌，莫不骇其奇异。既而神识还为安息王太子，即今时世高身也。

高游化中国，宣经事毕。值灵帝之末，关洛扰乱，乃振锡江南，云："我当过庐山，度昔同学。"行达䢼亭湖庙。此庙旧有威灵，商旅祈祷，乃分风上下，各无留滞。尝有乞神竹者，未许辄取，舫即覆没，竹还本处。自是舟人敬惮，莫不慑影。高同旅三十余船，奉牲请福。神乃降祝曰："舫有沙门可便呼上。"客咸惊愕，请高入庙。神告高曰："吾昔外国，与子俱出家学道，好行布施，而性多嗔怒，今为䢼亭庙神，周回千里，并吾所治。以布施故，珍玩甚丰；以嗔恚故，堕此神报。今见同学，悲欣可言。寿尽旦夕，而丑形长大，若于此舍命，秽污江湖，当度山西泽中。此身灭后，恐堕地狱。吾有绢千疋，并杂宝物，可为立法营塔，使生善处也。"

高曰："故来相度，何不出形？"神曰："形甚丑异，众人必惧。"高曰："但出，众不怪也。"神从床后出头乃是大蟒，不知尾之长短。至高膝边，高向之梵语数番，赞呗数契，蟒悲泪如雨，须臾还隐。高即取绢物，辞别而去。舟侣飏帆，蟒复出身登山而望，众人举手，然后乃灭。倏忽之顷便达豫章[⑥]，即以庙物为造东寺。高去后，神即命过。暮有一少年上船，长跽高前，受其咒愿，忽然不见。高谓船人曰："向之少年，即䢺亭庙神，得离恶形矣。"于是庙神歇矣，无复灵验。后人于山西泽中，见一死蟒，头尾数里，今浔阳郡蛇村是也。

高后复到广州，寻其前世害己少年。时少年尚在，高径投其家，说昔日偿对之事，并叙宿缘，欢喜相向。云："吾犹有余报，今当往会稽毕对。"广州客悟高非凡，豁然意解，追悔前愆，厚相资供，随高东游，遂达会稽，至便入市。正值市中有乱相打者，误着高头，应时殒命。广州客频验二报，遂精勤佛法，具说事缘，远近闻知，莫不悲叹，明三世之有征也。

高既王种，西域宾旅皆呼为安侯，至今犹为号焉。天竺国自称书为天书，语为天语，音训诡蹇，与汉殊异。先后传译多致谬滥，唯高所出，为群译之首。安公以为若及面禀，不异见圣。列代明德，咸赞而思焉。

余访寻众录，记载高公，互有出没，将以权迹隐显，应废多端；或由传者纰缪，致成乖角。辄备列众异，庶或可论。

按释道安《经录》云："安世高以汉桓帝建和二年，至灵帝建宁中二十余年，译出三十余部经。"

又《别传》云：晋太康末，有安侯道人，来至桑垣，出经竟，封一函于寺，云后四年可开之。吴末行至扬州，使人货一箱物，以买一奴，名福善，云："是我善知识。"仍将奴适豫章，度郱亭庙神，为立寺竟，福善以刀刺安侯胁，于是而终。桑坦人乃发其所封函，材理自成字，云："尊吾道者居士陈惠，传禅经者比丘僧会。"是日正四年也。

又庾仲雍《荆州记》云："晋初有沙门安世高，度郱亭庙神，得财物，立白马寺于荆城东南隅。"宋临川康王《宣验记》云："蟒死于吴末。"昙宗《塔寺记》云："丹阳瓦官寺，晋哀帝时沙门惠力所立，后有沙门安世高，以郱亭庙余物治之。"然道安法师既校阅群经，诠录传译，必不应谬。

从汉桓建和二年，至晋太康末，凡经一百三十余年，若高公长寿，或能如此，而事不应然。何者？

案如康僧会注《安般守意经》序云："此经世高所出，久之沉翳。"会有南阳韩林、颍川大业、会稽陈惠，此三贤者，信道笃密，会共请受。乃陈惠注义，余助斟酌。寻僧会以晋太康元年乃死，而已云此经出后，久之沉翳。又世高封函之字云："尊吾道者居士陈惠，传禅经者比丘僧会。"然安般所明，盛说禅业，是知封函之记，信非虚作。既云二人方传吾道，岂容与共同世？且《别传》自云："传禅经者，比丘僧会。"会已太康初死，何容太康之末，方有安侯道人？首尾之言，自为矛盾，正当随有一书谬指晋初。于是后诸作者，或道太康，或言吴末，雷同奔竞，无以校焉。既晋初之说，尚已难实，而昙宗记云：晋哀帝时，世高方复治寺。其为谬诸过乃悬矣。

注释

①**安息：**亚洲西部古国，位于伊朗高原东北部。

②**七曜：**古人以日、月及金、木、水、火、土五大行星为七曜，杨士勋疏《谷梁传》云："谓之七曜者，日月五星普照天下，故谓之七曜。"

③**五行：**指金、木、水、火、土五种物质元素。

④**阿毗昙：**亦称阿毗达磨、阿鼻达磨等，意译为"对法""大法""无比法""论"等，是解说或论证佛经义理的一种文体，与经、律合称"三藏"。

⑤**分卫：**或翻为乞食、"团堕"。所谓"团堕"者，

即把乞来之食，堕在钵中，团而食之。

⑥**豫章：**古地名。古代典籍中所说豫章不止一处，解释也不一，楚汉之际指今江西南昌，辖境相当于今江西省地区，三国以后辖境逐渐缩小，南朝陈时含有今江西锦江流域、南昌市、靖江等地区。

译文

安清，字世高，安息国（亚洲西部古国）国王正宫之太子。幼年时就以孝行闻名，加之十分聪敏、好学，外国典籍及天文、地理、医方、异术，乃至鸟兽之声等，无所不通。有一次在路途中，见有一群燕子，忽然对同伴说：“燕子说：‘过会儿有送食物之人。’”不久，果然有人来送食，大家全都十分诧异，所以俊异之声名传遍西域。

安世高虽在家修行，但持戒精严。其父王驾崩后，便继承王位。因他深达四大俱空，人生皆苦，一切形器均是假像、幻影之道理，故服丧期满后，就把国王之位让予叔父，出家修道。他博览经藏，尤其精通阿毗昙学；讽持禅经，各种经论都极尽其妙。之后，就到各地游化、弘法，游历各国，于汉桓帝初年来到中土。安世高聪颖机敏，凡事一听即通晓。来华未久，即通汉语，于是就宣译众经，把梵文译为汉语，译出《安般守意》《阴持入经》大小十二门及百六十品等。起初，外国僧人众护，撰述经要为二十七章，安世高乃剖析众护所集七章，译为汉语，即《道地经》也。他先后所译出的经论，凡三十九部。义理明晰，文字规范、明快，既有文采又不华丽浮藻，既忠实于原意又不晦涩艰深。凡是读到他之译著者，皆百读不倦。

安世高明理尽性，识得各种因缘业报，颇有神通，深不可测。他自称前世已经出家，当时有一位同学生性多嗔怒，每逢乞食时，一遇施主布施不合其意，随则动怒。安世高屡加劝谏，但他总无改过之意。如此二十余年，安世高乃与该同学辞别，并说："我当往广州，了结过去世之因缘业报。你明经精勤，不在我之后，然而生性多嗔怒，下世必受恶形之报应。我若得道，届时必定去度你。"之后，就去了广州。

当时，正碰上寇贼作乱，有一天，安世高走在路上，遇到一少年，搓掌拔刀曰："果真找到你啦。"安世高笑着说："我前世有负于你，所以今生特远道而来，以命相报偿，你之怨恨，乃前世之所积。"遂伸头受刀，面无惧色。那少年就把他杀掉了。当时围观者甚众，无不感到十分惊奇。后来安世高的神灵投胎安息国太子身上，亦即现在之安世高。

安世高来到中土后，从事佛教经典之宣译。至汉灵帝末年，关中、洛阳一带大乱，就振锡江南，曰：“我当往庐山度我过去之同学。”到了郏亭湖庙。此庙过去屡屡显灵，商人、游客常祈请护佑，也不敢在此地多加逗留。曾有乞讨神竹，而未经许可则私自取拿者，其所乘之船则覆没，而竹又回到原来的地方。自此之后，船夫、游客都十分惧怕。那次安世高同行的三十多条船，都奉着牲品，请求福佑。只听庙中之神灵曰：“船中有一和尚，可请他上来。”众游客全都十分惊愕，遂请安世高入庙。庙神就对安世高说：“我过去在外国与你一起出家学道，虽好行布施，但生性多嗔怒，现为郏亭庙神，这周围千里之地，均是我所管辖。因为好行布施，故珠宝、珍玩等物甚是丰盈；因为生性多嗔怒，所以堕至此地为庙神。今日有缘得遇老同学，无量欢欣。我之世寿不久将尽，而形貌甚是丑陋，如果在此地谢世，则污秽江湖，当度至山西面之大泽之中。我死之后，恐怕要坠于地狱。现有绢千疋，还有一些杂物、珠宝，可为我立一塔，使我能有一个较好的去处。”安世高说：“我正为此而来相度，何不现出原形？”庙神曰：“形状甚是丑陋、怪异，众人必定惧怕。”安世高说：“但现形无妨，众人不嗔怪也。”庙神就从床后探出头来，原来是是一条大蟒蛇，但见其头，不知身、尾有多长。游至安世高膝边，安世高对着它说了一通梵语，赞诵数声梵呗，只见大蟒悲感涕零、泪如雨下，过了不久，就隐遁而失。安世高就取了绢布、珠宝等，辞别而去。等船开出之后，大蟒又现出身子，登高而望，众人挥手致意，尔后乃隐形。过了不久，船便到了豫章，安世高就用庙神所送之物品，为其造立了东寺。安世高离开后不久，庙神就过世了。那天傍晚，有一少年上船后，就长跪在安世高之前，接受他的咒愿，片刻功夫，就不见了。安世高对同船的人说："刚才那位少年，就是䢼亭庙神，现已得离恶形。"自此之后，庙神就消失了，此庙也不复有灵验。后人于山之西面的大泽之中发现一条死去的大蟒，从头至尾有数里之长，这一带即现在之浔阳郡蛇村。

安世高后来又到了广州，寻找前世害己之少年。当时那个少年还在，安世高便直接去到他家，说及过去以命相偿之事，并语及他们之间之因缘业报，而十分坦然对待那个少年。随后，安世高又对那个少年说："我还有业报，现在当往会稽，作一了结。"那个广州客十分钦敬安世高之非凡出俗，顿时悟解了安世高所说的一切，对过去自己的行为极是忏悔，遂资助安世高许多钱物，并亲自随安世高东游去会稽。到了会稽之后，便进入市区。当时正碰上市中有斗殴打架的，不料误打着安世高，安世高当场毙命。广州客连验二报遂皈依佛门，精勤佛法，并常说及亲身经历之事，遂使遐迩皆知此事，莫不悲感、赞叹，深信三世报应之确有其事。

安世高既为王族后代，西域之人，多称之为安侯，至今仍有这种称呼。印度古来自称书为天书，语为天语，音训复杂、晦涩，与汉语诸多殊异。所以传译之经典，多有讹谬，只有安世高所译出的经典，超出群译之上。安世高以为，若读佛教经典，无异于亲见圣人。历代大德，都赞叹此说。

我曾查询各种资料，对于安世高生平、事迹之记载，不同资料，记载各有出入。或者由于其人其事有权迹隐显之原因，或者由于讹传谬记的缘故，遂导致说法各异，甚至矛盾互见。现备列各种记载，对于弄清楚安世高其人、其事也许不无助益。

按照道安《经录》所说，安世高于汉桓帝建和二年（公元一四八年）至汉灵帝建宁期间，二十余年中译出三十余部经。

又《别传》云：晋太康末，有安侯道人来到桑垣，译完佛经后，封一函于寺，称过四年后可把它打开。至吴末去到扬州，让人卖了一箱物品，用以买一奴仆，名叫福善，说："这是我善知识。"又带着奴仆去豫章，度郏亭庙神，为之立寺后，福善以刀刺安侯之胁，于是毙命。桑垣人乃开启其所封之函，里中自成字曰：“尊我之道者居士陈惠，传禅经者比丘僧会。”那天与其封函之日正好相距四年。

还有，庾仲雍《荆州记》云：“晋初有沙门安世高，度郏亭庙神，得财物，立白马寺于荆城之东南角。”宋临川王刘义庆《宣验记》称：“蟒死于吴末。”昙宗《塔寺记》云：“丹阳瓦官寺，晋哀帝时沙门惠力所立，后有沙门安世高以郏亭庙余物治之。”但道安法师既校阅群经，诠录各种传译，应该不致有误。

从汉桓帝建和二年，至晋太康末年，其间经历一百三十多年，如若安世高确实长寿，或许能够如此，但事实上不是这样，为什么呢？

如康僧会在《安般守意经》序中说：“此经安世高所出，久之沉没。”当时有南阳韩林、颖川大业、会稽陈惠，此三贤者信道甚笃，康僧会于三贤者都有所请益。对《安般守意经》注解，乃陈惠注义，其他人共同斟酌核定。考康僧会死于晋太康元年，而已说此经译出之后，过了较长一段时间后渐渐沉没。又，安世高封函之字称：“尊吾道者居士陈惠，传禅经者比丘僧会。”而《安般经》正是盛阐禅学思想，可以看出封函之说并非伪作。既然说二人方传吾道，怎么可能与之同世呢？而且《别传》自称：“传禅经者比丘僧会。”会死于太康初年，怎么到了太康之末年，才有安侯道人呢？前后说法矛盾，说明必有一书错指晋初。于是后来之作者，或称太康，或言吴末，说法纷竞，无从校定。既然晋初之说已难证实，而昙宗之《塔寺记》称晋哀帝时，安世高以郏亭余物治寺，其说之荒谬，实较诸说更甚。

汉洛阳支娄迦谶

原典

支娄迦谶，亦直云支谶，本月支[①]人，操行纯深，性度开敏，禀持法戒，以精勤著称，讽诵群经，志在宣法。汉灵帝时，游于洛阳。以光和中平之间，传译梵文，出《般若道行》《般舟》《首楞严》等三经；又有《阿阇世王》《宝积》等十余部经，岁久无录。安公校定古今，精寻文体，云："似谶所出。"凡此诸经，皆审得本旨，了不加饰，可谓善宣法要，弘道之士也，后不知所终。

时有天竺沙门竺佛朔，亦汉灵之时，赍《道行经》来适洛阳，即转梵为汉。译人时滞，虽有失旨，然弃文存质，深得经意。朔又以光和二年，于洛阳出《般舟三昧》，谶为传言，河南洛阳孟福、张莲笔受。

时又有优婆塞[②]安玄，安息国人，志性贞白，深沉有理致，博诵群经，多所通习，亦以汉灵之末，游赏洛阳，以功号曰骑都尉，性虚靖温恭，常以法事为己任，渐解汉言，志宣经典，常与沙门讲论道义，世所谓都尉者也。玄与沙门严佛调，共出《法镜经》，玄口译梵文，佛调笔受，理得音正，尽经微旨，郢匠之美，见述后代。

调本临淮人，绮年颖悟，敏而好学。世称安侯、都尉、佛调三人，传译号为难继。调又撰《十慧》，亦传于世。安公称佛调出经，省而不烦，全本巧妙。

又有沙门支曜、康巨、康孟详等，并以汉灵、献之间，有慧学之誉，驰于京洛。曜译成《具定意经》及《小本起》等，巨译《问地狱事经》，并言直理旨，不加润饰。孟详译《中本起》及《修行本起》。先是沙门昙果，于迦维罗卫国得梵本，孟详共竺大力译为汉文。安公云："孟详所出，奕奕流便，足腾玄趣也。"

注释

①**月支：**古族名。原居于我国西北一带，后迁于今阿姆河流域。

②**优婆塞：**又作优婆娑迦、伊蒲塞等，意译为近事男、信男、清信士等，指亲近、皈依三宝，受持五戒之男居士，为在家二众之一。

译文

支娄迦谶，亦直接称为支谶，本是月支人，德操、道行纯正深邃，悟性聪敏，胸襟开阔，持戒以精勤、严谨著称，曾讽诵群经，志在弘扬佛法。汉灵帝时游化于洛阳，于光和、中平年间传译梵文，译出《般若道行》《般舟》《首楞严》等三部经；又有《阿阇世王》《宝积》等十余部经，长期以来一直没有记载谁人所译。道安法师校勘古今译本，精心审察其文体，认为“似是支娄迦谶所译”。凡此诸经，都深得经文本旨，不加雕凿、修饰，真可谓善传佛法的弘道之士，后不知所终。

当时，还有印度沙门竺佛朔，也在汉灵帝时，曾携《道行经》来到洛阳，随即把它译为汉语。虽然由于各方面的局限，有些译文有欠精当，但从总体上说，多能弃其华丽之辞藻，而忠实于经典本义。竺佛朔又于光和二年（公元一七九年）译出《般舟三昧》，当时支娄迦谶为传言，河南洛阳孟福、张莲笔受。

当时又有优婆塞安玄，安息国人，志性纯真、清雅，思想深邃，曾博诵群经，各种典籍多所通习，也于汉灵帝末年游化于洛阳，因功被封为骑都尉，性情恬静温恭，常以学佛、弘法为己任，渐渐懂得汉语，立志宣扬佛法，常常与沙门讲说、谈论佛教义理，故世人称其为都尉玄。安玄与沙门严佛调共同译出《法镜经》，安玄口译梵文，严佛调笔受，所译深得经典义理之本意，译音亦清澈、纯正，翻译技巧之美妙，为后代所称颂。

严佛调本临淮人，少年聪颖，敏而好学。当时社会上称安世高、安玄、严佛调三人之翻译，后人很难超过他们。严佛调又撰《十慧》，也流传于世。安玄曾称赞严佛调所出之经典，简练而不烦琐、碎杂，整个译本十分巧妙。

又有沙门支曜、康巨、康孟详等，在汉灵、献帝年间，于精通义理方面，在洛阳一带名声很大，享有盛誉。支曜译成《具定意经》及《小本起》等，康巨译出《问地狱事经》，这些译作都语言平实，深得本旨，不以华丽之辞藻加以修饰。康孟详译《中本起》及《修行本起》。先是沙门昙果于迦维罗卫国得到该经梵本，康孟详与竺大力共同译为汉语。安玄曾赞扬康孟详所译之经典为：郁郁有文采，深得玄理旨趣。

吴建业建初寺康僧会

原典

康僧会，其先康居[①]人，世居天竺，其父因商贾移于交趾[②]。会年十余岁，二亲并亡，以至性奉孝服毕，出家，励行甚峻，为人弘雅有识量，笃志好学，明解三藏，博览六经，天文图纬，多所综涉，辩于枢机，颇属文翰。

时孙权已制江左，而佛教未行。先有优婆塞支谦，字恭明，一名越，本月支人，来游汉境；初汉桓、灵之世，有支谶译出众经；有支亮字纪明，资学于谶；谦又受业于亮，博览经籍，莫不精究，世间伎艺，多所综习，遍学异书，通六国语。其为人细长黑瘦，眼多白而睛黄，时人为之语曰："支郎眼中黄，形躯虽细是智囊。"

汉献末乱，避地于吴，孙权闻其才慧，召见悦之，拜为博士，使辅导东宫[③]，与韦曜诸人共尽匡益。但生自外域，故吴志不载。谦以大教虽行，而经多梵文，未尽翻译，已妙善方言，乃收集众本，译为汉语。从吴黄武元年，至建兴中，所出《维摩》《大般泥洹》《法句》

《瑞应本起》等四十九经，曲得圣义，辞旨文雅。又从《无量寿》《中本起》制菩萨连句梵呗三契，并注《了本生死经》等，皆行于世。

时吴地初染大法，风化未全，僧会欲使道振江左，兴立图寺，乃杖锡东游，以吴赤乌十年，初达建业[4]，营立茅茨，设像行道。时吴国以初见沙门，睹形未及其道，疑为矫异。有司奏曰："有胡人入境，自称沙门，容服非恒，事应检察。"权曰："昔汉明梦神，号称为佛，彼之所事，岂其遗风耶？"即召会诘问，有何灵验？

会曰："如来迁迹，忽逾千载，遗骨舍利[5]，神曜无方。昔阿育王起塔，乃八万四千。夫塔寺之兴，以表遗化也。"

权以为夸诞，乃谓会曰："若能得舍利，当为造塔。如其虚妄，国有常刑。"

会请期七日。乃谓其属曰："法之兴废，在此一举，今不至诚，后将何及。"乃共洁斋靖室，以铜瓶加几，烧香礼请。七日期毕，寂然无应，求申二七，亦复如之。权曰："此欺诳。"将欲加罪，会更请三七，权又特听。

会谓法属曰："宣尼[6]有言：'文王既没，文不在兹乎。'法灵应降，而吾等无感，何假王宪！当以誓死为期耳。”三七日暮，犹无所见，莫不震惧。既入五更，忽闻瓶中铿然有声，会自往视，果获舍利。明旦呈权，举朝集观，五色光炎，照耀瓶上。权自手执瓶，泻于铜盘，舍利所冲，盘即破碎。权大肃然惊起，而曰："希有之瑞也。”

会进而言曰："舍利威神，岂直光相而已，乃劫烧之火不能焚，金刚之杵不能碎。”权命令试之。会更誓曰："法云方被，苍生仰泽，愿更垂神迹，以广示威灵。”乃置舍利于铁砧磓上，使力者击之，于是砧磓俱陷，舍利无损。权大嗟服，即为建塔，以始有佛寺，故号建初寺，因名其地为佛陀里。由是江左大法遂兴。

至孙皓即位，法令苛虐，废弃淫祠，乃及佛寺，并欲毁坏。皓曰："此由何而兴？若其义教真正，与圣典相应者，当存奉其道；如其无实，皆悉焚之。”诸臣佥曰："佛之威力，不同余神。康会感瑞，大皇创寺，今若轻毁，恐贻后悔。”皓遣张昱诣寺诘会。昱雅有才辩，难问纵横，会应机骋辞，文理锋出，自旦之夕，昱不能屈。

既退，会送于门，时寺侧有淫祀者。昱曰："玄化既孚，此辈何故近而不革？"

会曰："雷霆破山，聋者不闻，非音之细；苟在理通，则万里悬应；如其阻塞，则肝胆楚越。”昱还，叹会才明，非臣所测，愿天鉴察之。皓大集朝贤，以马车迎会。

会既坐，皓问曰："佛教所明善恶报应，何者是耶？"

会对曰："夫明主以孝慈训世，则赤乌[7]翔而老人星[8]见；仁德育物，则醴泉涌而嘉苗出。善既有瑞，恶亦如之。故为恶于隐，鬼得而诛之；为恶于显，人得而诛之。《易》称积善余庆，《诗》咏求福不回。虽儒典之格言，即佛教之明训。"

皓曰："若然，则周孔已明，何用佛教？"

会曰："周孔所言，略示近迹，至于释教，则备极幽微。故行恶则有地狱长苦，修善则有天宫永乐。举兹以明劝沮，不亦大哉？"皓当时无以折其言。

皓虽闻正法，而昏暴之性，不胜其虐，后使宿卫兵，入后宫治园，于地中得一立金像，高数尺。呈皓，皓使着不净处，以秽汁灌之，共诸群臣笑以为乐。俄尔之间，举身大肿，阴处尤痛，叫呼彻天。太史占言："犯大神所为。"即祈祀诸庙，永不差愈。采女先有奉法者，因问讯云："陛下就佛寺中求福不？"皓举头问曰："佛神大耶？"采女云："佛为大神。"

皓心遂悟其语意。故采女即迎像置殿上，香汤洗数十过，烧香忏悔。皓叩头于枕，自陈罪状。有顷痛间，遣使至寺，问讯道人，请会说法。会即随入，皓见问罪福之由，会为敷析，辞甚精要。皓先有才解，欣然大悦，因求看沙门戒。会以戒文禁秘，不可轻宣，乃取本业百三十五愿，分作二百五十事，行住坐卧，皆愿众生。

皓见慈愿广普，益增善意，即就会受五戒，旬日疾瘳。乃于会所住处，更加修饰，宣示宗室，莫不必奉。会在吴朝，亟说正法，以皓性凶粗，不及妙义，唯叙报应近事，以开其心。

会于建初寺译出众经，所谓《阿难念弥陀经》《镜面王》《察微王》《梵皇》经等，又出《小品》及《六度集》《杂譬喻》等，并妙得经体，文义允正；又传泥洹呗，声清靡哀亮，一代模式。又注《安般守意》《法镜》《道树》等三经，并制经序，辞趣雅便，义旨微密，并见于世。至吴天纪四年四月，皓降晋，九月会遘疾而终，是岁晋武太康元年也。

至晋咸和中，苏峻作乱，焚会所建塔，司空何充复更修造。平西将军赵诱世不奉法，傲慢三宝，梦入此寺，谓诸道人曰："久闻此塔屡放光明，虚诞不经，所未能信。若必自睹，所不论耳。"言竟，塔即出五色光，照曜堂刹。诱肃然毛竖，由此信敬，于寺东更立小塔。远由大圣神感，近亦康会之力。故图写厥像，传之于今。

孙绰为之赞曰："会公萧瑟，实惟令质。心无近累，情有余逸。厉此幽夜，振彼尤黜。超然远诣，卓矣高出。"有记云："孙皓打试舍利，谓非权时。"

余案：皓将坏寺，诸臣咸答："康会感瑞，大皇创寺。"是知初感舍利，必也权时。故数家传记，咸言孙权感舍利于吴宫；其后更试神验，或将皓也。

注释

①**康居：**古西域国名，位于今之巴尔喀什湖和咸海之间。

②**交趾：**古地名，泛指五岭以南之广东、广西和越南一带。

③**东宫：**太子所居之宫，也用以指太子。孔颖达疏《左传》曰："太子居东宫，因以东宫表太子。"

④**建业：**古地名，今江苏南京。

⑤**舍利：**又作实利、室利罗，意为遗骨、身骨，通常指佛陀之遗骨，称为佛骨、佛舍利；后来也指高僧圆寂后焚烧所遗之身骨。

⑥**宣尼：**即孔子。

⑦**赤乌：**古代传说中的瑞鸟。

⑧**老人星：**星名，也称“南极老人”“寿星”，天空中第二亮星。

译文

康僧会，祖先康居（今新疆北部）人，其父因从商移居交趾（今越南北部）。康僧会十来岁时，双亲俱亡，服丧期满之后，即出家修道，戒行峻厉，为人宽宏有雅量，笃志好学，才识卓越，明解三藏，博览六经，天文图纬，也多所综达，机辩明敏，精通文辞。

当孙权统一江东时，佛教尚不很流行。其时有优婆塞支谦，字恭明，一名越，本是月支人，来汉地游化；而早在汉桓、灵帝时，有支谶译出众经；有支亮，字纪明，从学于谶；支谦又受学于支亮，博览众经，无不精究，乃至于世间的技艺，也多所精通，遍学异书，精通六国语言。其人黑瘦、修长，眼白而睛黄，当时的人如此议论他：“支郎眼中黄，形体虽细是智囊。”

汉献帝末年，天下大乱，避难于江东，孙权听说他很有才学、智慧，遂召见他，封他为博士，让他辅导太子，与韦曜诸人共同匡辅社稷。但因是外国人，所以吴志没有记载。支谦以为佛教虽然已经开始传布，但经典多是梵文还未翻译，当他精通汉语之后，就搜集众经典，译为汉语。从吴黄武元年（公元二二二年），至建兴年间，译出了《维摩诘经》《大般泥洹经》《法句经》《瑞应本起经》等四十九部经，深得经意，文辞优雅。又从《无量寿经》《中本起经》制作菩萨连句梵呗三首，并注释《了本生死经》等，这些都流传于世。

那个时候，江东佛法初传，佛教之仪轨、制度等尚不完备，康僧会为了使佛法在江东广为流布，拟兴建佛寺，就杖锡东游，于吴赤乌十年（公元二四七年），首次到达建业（今南京），建立住处，供像弘法。其时，江东佛教尚不很流行，大家初见沙门，见其形而未识其道，疑为怪异。有官员奏道："有西域人来到此地，自称是沙门，容貌、服饰等都与众不同，此事应细加检察。"孙权道："过去汉明帝夜梦神人，号称为佛，这沙门之行事，是否就是佛之遗风？"遂召见康僧会，并诘问他有何灵验？

康僧会曰："如来涅槃至今已千余年了，所遗下的佛骨舍利，神奇灵验无比。过去阿育王起塔，有八万四千座。塔寺之兴建，就是为了使佛法得到弘传。"

孙权以为荒诞，就对康僧会说："你若能得到舍利，即当为造塔。如果以荒诞骗人，则国家自有刑律。"

康僧会请求给他七天期限。回去之后，就对众僧侣说："佛法之兴废，在此一举，今天如果不至诚感来舍利，日后就很难有所作为了。”乃洁身斋戒，净室以求，把铜瓶放于桌子之上，烧香礼请。七日期限已满，却毫无反应，请求再给他七日期限，同样毫无反应。孙权道：“这纯属骗人勾当。”准备对他治罪。康僧会又请求再给七日期限，孙权特别开恩，再一次同意了他的请求。

康僧会对众僧侣说：“孔子曾说过：‘文王既没，文不在兹乎。’佛法无边，神通广大，而我等此次却不能有所感应，今后如何去弘扬呢！此次必须誓死以求舍利。”当到了第三个七日傍晚，仍然一无所获，大家都十分担心、恐惧。到了五更时分，忽然听见瓶中铿然有声，康僧会急忙前去观看，果然得一舍利。第二天一早，就把舍利呈予孙权。其时全朝的文武官员都在一起观看舍利。只见舍利色彩璀璨、光泽照人。孙权手执舍利，把它放到铜盘上。铜盘被舍利一冲击，随即破碎。孙权顿时肃然起敬，赞叹实乃希有之物。

康僧会进而奏道：“此舍利甚有威神，非但徒有光泽而已，即使劫末之洞火，也不能烧毁它，金刚之杵也不能捣碎它。”孙权命令再加以试验。康僧会默默发誓曰：“佛法初传，众生仰望得到救度，但愿再显神迹，更示威灵。”孙权就令人把舍利放于铁砧之上，使力士用力击打它，结果锤、砧都陷进一个洞，而舍利毫无损陷。孙权大为叹服，即令人营建寺塔，因为是最早之佛寺，故称为建初寺，并把那一带命名为佛陀里。由此之后，江东之佛法才渐渐隆盛起来。

后来，孙皓即位，孙皓苛刑峻法，政治暴虐，曾下令废除祠堂、祭祀，并且准备毁除佛寺。孙皓曰："此佛法因何而兴？若其教义纯正，与儒家思想相一致者，则应尊奉其道；若其荒诞不实，则把佛寺等悉数焚毁。"众大臣都说："佛之威力，不同于其他神灵。过去康僧会应感而得舍利，大皇帝孙权为之创建寺院，现在若轻率把它毁坏，恐怕日后将会后悔不及。"孙皓遂遣张昱到寺院去诘问康僧会。张昱才辩出众，反复问难，康僧会应机对答，文理俱佳，从早至晚，张昱都不能难倒康僧会。

后来张昱离寺时，康僧会送他至寺门，当时寺侧正好有祭祀者。张昱就说："佛法既然纯正，这些人在此地滥祭淫祀，为何不革除？"

康僧会曰："雷霆虽震天动地，而聋者不闻，并非雷声太小；只要道理融通，则万里遥相契应；如果理不相应，则肝胆楚越矣。"张昱回去向孙皓复旨，赞叹康僧会之才识明敏，非他所能测量，但愿上天明鉴，护佑于他。孙皓遂大集群臣，以车马迎接康僧会。

康僧会坐定之后，孙皓乃问他："佛教所明善恶报应，有何凭证？”

康僧会答道：“如果君王以孝慈治世，则赤乌翔而老人星出现；如果以仁德治物，则醴泉涌而嘉苗出。为善既有瑞应，作恶也有恶报。所以作恶虽不为别人所知，但鬼神得而诛之；作恶于光天化日之下，则众人得而诛之。所以《易》曰：‘积善余庆’，《诗》云：‘求福不回’。这些虽然是儒家之格言，实际也就是佛教之明训。”

孙皓道：“如果是这样，则周孔早已明言，又何用佛教？”

康僧会道：“周孔所言，只显示近世之事，至于佛教，则兼及长远。所以，作恶者则有地狱之轮回，修善者则有天宫之永乐。举此以明劝善离恶，不是很恢宏博大的吗？”孙皓当时没能驳倒他的话。

孙皓虽然对佛法已有所听闻，但其性甚是暴虐，后来命令卫兵入后宫治园，于地中得一金身立像，高数尺。卫兵把金像呈予孙皓，孙皓就叫人放于污秽之处，以粪便灌之，与群臣一起取乐。过后不久，孙皓即全身肿痛，阴处尤其厉害，呼天叫地。太史官占卜其事，说：“这是因为触犯了大神。”即到各庙进行祈祷，但病情一直未见好转。孙皓的侍女中有信奉佛教的，有一次就问孙皓：“陛下可曾到佛寺去祈请求福？”孙皓抬起头来问道："佛神大吗？"侍女曰："佛乃大神。"

孙皓领悟了侍女所说的话。侍女即把佛像迎至大殿之上，用香汤洗刷数十遍，之后烧香忏悔。孙皓于枕上叩头，自说罪过。过了片刻，又遣使去佛寺，问讯道人，并请康僧会入宫说法。康僧会即随使者入宫，孙皓询问罪福之缘由业报，康僧会为之剖析、讲解，言简意赅。孙皓本来就颇有才识悟性，一听僧会讲解，就有所理会，十分高兴，因而请求看看沙门戒律。康僧会说戒文乃佛门秘籍，不宜随便传予俗人，乃取本业一百三十五愿，分为二百五十事，行住坐卧，皆愿众生福乐。

孙皓见佛法慈悲宏愿，普益群生，对佛教更为崇信，遂就康僧会受五戒，十天之后，病即痊愈。就令人对康僧会之住处，大加修饰，并下令皇亲宗室，都得尊奉佛法。康僧会就在吴朝弘扬佛法，因孙皓粗俗，无法真正理解佛法妙义，就只宣扬轮回报应等事，以开启其心。

康僧会于建初寺译出众经，亦即《阿难念弥陀经》《镜面王》《察微王》《梵皇》等经，又译出《小品》及《六度集》《杂譬喻》等，并妙得经体，文义允正；又传泥洹呗，其声清澈悠扬，乃一代模式。又注《安般守意》《法镜》《道树》等三经，并制经序，文辞雅趣，义旨幽微，这些都流传于世。至吴天纪四年（公元二八〇年）四月，孙皓降晋，九月康僧会患疾而终，是年即晋太康元年。

到了晋咸和年间，苏峻作乱，焚烧康僧会所建之寺塔，司空何充后又重建。平西将军赵诱，一家世代都不信佛，轻慢三宝，有一次做梦进入该寺，对诸道人说："久闻此塔屡放光明，其实纯属谎言，我根本就不相信。如果让我亲自一观，则另当别论。"话音刚落，塔即放出五色之光，把整个堂刹全都照亮了。赵诱才肃然起敬，由此信敬佛法，于寺东面更立一小塔。此事就远而言，乃大圣神感；就近而说，乃康僧会之力，所以图写其像，流传至今。

孙绰曾为之写赞曰："会公萧瑟，实惟令质。心无近累，情有余逸。厉此幽夜，振彼尤黜。超然远诣，卓矣高出。"有记载说："孙皓试打舍利，并非孙权之时。"

余按曰：孙皓将要毁寺时，诸臣全都说："康僧会神感瑞应，大皇帝孙权创建寺院。"可见初感舍利，必是孙权之时。所以数家记载，都称孙权时感应舍利于吴宫；其后更试神验，或许才是孙皓。

晋庐山僧伽提婆

原典

僧伽提婆，此言众天，或云提和，音讹故也，本姓瞿昙[①]氏，罽宾[②]人。入道修学，远求明师，学通三藏，尤善《阿毗昙心》，洞其纤旨。常诵《三法度论》，昼夜嗟味，以为入道之府也。为人俊朗有深鉴，而仪止温恭，务在诲人，恂恂不怠。

苻氏建元中，来入长安，宣流法化。初僧伽跋澄出《婆须蜜》，及昙摩难提所出二《阿含》《毗昙》《广说》《三法度》等，凡百余万言。属慕容之难，戎敌纷扰，兼译人造次，未善详悉，义旨句味，往往不尽。

俄而安公弃世，未及改正。后东山清平，提婆乃与冀州沙门法和，俱适洛阳。四、五年间，研讲前经。居华稍积，传明汉语，方知先所出经，多有乖失。法和慨叹未定，乃更令提婆出《阿毗昙》，及《广说》众经。

顷之，姚兴王秦，法事甚盛。于是法和入关，而提婆度江。先是庐山慧远法师，翘勤妙典，广集经藏，虚心侧席，延望远宾，闻其至止，即请入庐岳，以晋太元之中，请出《阿毗昙心》及《三法度》等。提婆乃于般若台，手执梵文，口宣晋语，法华[3]存实，务尽义本，今之所传，盖其文也。

至隆安元年，来游京师，晋朝王公及风流名士，莫不造席致敬。时卫军东亭侯琅琊王珣，渊懿有深信，扶持正法，建立精舍，广招学众，提婆既至，珣即延请，仍于其舍讲阿毗昙，名僧毕集。提婆宗致既精，辞旨明析，振发义理，众咸悦悟。时王僧珍亦在座听，后于别屋自讲。

珣问法纲道人："僧珍所得云何？"

答曰："大略全是，小未精核耳。"其敷析之明，易启人心如此。

其年冬，珣集京都义学沙门释慧持等四十余人，更请提婆重译《中阿含》等，罽宾沙门僧伽罗叉执梵本，提婆翻为晋言，至来夏方讫。

其在河洛左右，所出众经百余万言。历游华梵，备悉风俗，从容机警，善于谈笑。其道化声誉，莫不闻焉。后不知所终。

注释

①**瞿昙：**为印度刹帝利种族中之一姓，相传为瞿昙仙人之苗裔，即释迦牟尼佛所属之本姓。

②**罽宾：**古西域国名，所指地域因时代而异。汉代所说之罽宾在喀布尔河下游及克什米尔一带。

③**法华：**“法华”，《大正藏》本作“去华”。

译文

僧伽提婆，汉地称众天，或叫提和，音译错讹之故，本姓瞿昙，罽宾人。入道修学，远求名师，其学贯通经、律、论三藏，尤其精通《阿毗昙心》，洞察其中之意蕴义理。经常读诵《三法度论》，夜以继日，反复嗟味，把它作为入道之门户。为人俊逸、开朗，而思想深邃，仪止温恭，以诲人为己任，谆谆不倦。

前秦建元年间来到长安弘扬佛法。起初，僧伽跋澄译出《婆须蜜》，昙摩难提译出《中阿含经》及《增一阿含经》《毗昙》《广说》《三法度论》等，凡百余万言。后遇上慕容氏之乱，战事烦扰，加之译者之轻率，对于经典不能详加探究，义理文句，往往没有反复斟酌，因此不能尽如经文本义。

后来，安世高去世，所译经典未来得及订正。到战事平息，天下安定之后，僧伽提婆乃与冀州沙门法和，一起来到洛阳。在四五年时间内，阅读、研究以前所译出的经典。在中土住得时间长了之后，学会了汉语，才知道以前所译出的佛教经典，多有错讹、谬误之处。法和对此甚为感慨但未作进一步的修订，遂让僧伽提婆重新译出《阿毗昙心论》以及《广说》等众经。

未久，姚兴于关中建立后秦，致力于弘扬佛法，一时佛法隆盛。于是法和入关，而僧伽提婆渡江南下。先是庐山慧远法师，博览佛典，广集经藏，潜心探究，广纳时贤，听说僧伽提婆南下，即请他到庐山，于晋太元年间，请他译出《阿毗昙心论》和《三法度论》等。僧伽提婆乃于般若台，手执梵本，口宣汉语，文字优美，义理允正，现在所流传的，即是僧伽提婆之所翻译。

到了隆安元年（公元三九七年）至京都建业游化、弘法，晋朝王公及名士风流，无不前去造访致敬。当时琅琊王司马珣素来崇信佛法，曾建立精舍，广招学众，僧伽提婆既到京都，司马珣即请他到其精舍讲解阿毗昙，一时名僧云集。僧伽提婆既精通毗昙，表述又清晰明快，广征博引阐发义理，众人全都心悦诚服，各有所悟。当时王僧珍也在座听讲，后于其他地方自己讲解。

司马珣得知此事后，就问法纲道人："僧珍与僧伽提婆二人之讲解，比较而言，谁人讲得更好一些？"

法纲道人答道："就大的方面讲，都讲得不错。但如果就细微处看，则僧珍有未尽精当处。"其阐析义理之精微、明晰，富于启迪人心，真是到了炉火纯青之境地。

那一年冬天，司马珣聚集京都义学沙门释慧持等四十多人，又请僧伽提婆重译《中阿含经》等，罽宾沙门僧伽罗叉手执梵本，提婆译为汉语，一直到第二年夏天方才译完。

他在黄河、洛水一带所译出的经典百余万言。他历游中印两地，熟悉各地风土人情，举止从容，生性机敏，善谈言笑。其道行、声誉，遐迩闻名。后不知所终。

晋长安竺佛念

原典

竺佛念，凉州[①]人，弱年出家，志业清坚，外和内朗，有通敏之鉴。讽习众经，粗涉外典，其苍雅[②]诂训，尤所明达。少好游方[③]，备贯风俗。家世西河，洞晓方语。华梵音义，莫不兼释，故义学之誉虽阙，洽闻[④]之声甚著。

苻氏建元中，有僧伽跋澄、昙摩难提等入长安，赵正请出诸经，当时名德莫能传译，众咸推念。于是澄执梵文，念译为晋。质断疑义，音字方明。

至建元二十年正月，复请昙摩难提出《增一阿含》及《中阿含》，于长安城内，集义学沙门，请念为译，敷析研核，二载乃竟。二含之显，念宣译之功也。自世高、支谦已后，莫逾于念。自苻姚二代，为译人之宗。故关中僧众，咸共嘉焉。

其后续自出《菩萨璎珞》《十住断结》及《出曜》《胎经》《中阴经》等。始就治定，意多未尽，遂尔遘疾，卒于长安，远近白黑，莫不叹惜矣。

注释

①**凉州**：今甘肃武威。

②**苍雅**：指《三苍》《尔雅》等文字训诂之书。

③**游方**：指修行问道，周游四方。

④**洽闻**：知识丰富，见闻广博。

译文

竺佛念，凉州（今甘肃武威）人，幼年出家，志业清纯、坚精，为人谦和而悟性朗彻。诵习众经，并兼学外典，对文字、训诂之学尤为精通。少年时喜欢四处参访游学，备观各地之民情风俗。祖家在西河（在甘肃平罗县东）一带，通晓该地之方言。对于汉语、梵文之音义都很精通，故虽然在佛教义理方面他并没有什么特别的造诣，但却以博闻多见著称于世。

苻秦建元年间，僧伽跋澄、昙摩难提等人来到长安，赵正想请人翻译诸经，但当时之僧界没有较合适的传译者，大家就推举竺佛念。于是僧伽跋澄口宣梵文，竺佛念译为汉语。原来一些疑难之音、义等，才得到较好表述。

至建元二十年（公元三八四年）正月，赵正又请昙摩难提译出《增一阿含经》及《中阿含经》，并于长安城内，召集义学沙门，由竺佛念担任传语之职，剖析探究，反复斟酌，历时二年才完成。二阿含之在中土流传，竺佛念传译之功不可没。自安世高、支谦以后，在译经方面很少有超过竺佛念的。在苻秦、姚秦二代，竺佛念堪称译经之宗匠。所以关中僧众，都很赞扬他。

后来他又译出《菩萨璎珞经》《十住断结经》及《出曜经》《菩萨处胎经》《中阴经》等。但有些译典只属初稿，意多未尽，而他却身患重疾，卒于长安，远近僧俗二界，都为之叹惜、哀痛。

晋长安鸠摩罗什

原典

鸠摩罗什，此云童寿，天竺人也，家世国相。什祖父达多，倜傥不群，名重于国。父鸠摩炎，聪明有懿节，将嗣相位，乃辞避出家，东度葱岭①，龟兹②王闻其弃荣，甚敬慕之，自出郊迎，请为国师。

王有妹，年始二十，才悟明敏，过目必解，一闻则诵，且体有赤黡，法生智子。诸国娉之，并不肯行。及见摩炎，心欲当之，乃逼以妻焉，既而怀什。什在胎时，其母慧解倍常。闻雀梨大寺，名德既多，又有得道之僧，即与王族贵女，德行诸尼，弥日设供，请斋听法。什母忽自通天竺语，难问之辞，必穷渊致，众咸叹异。有罗汉达摩瞿沙曰："此必怀智子。为说舍利弗在胎之证。"及什生之后，还忘前言。

久之，什母乐欲出家，夫未之许，遂更产一男，名弗沙提婆。后因出城游观，见冢间枯骨，异处纵横，于是深惟苦本，定求离俗，誓至落发，不咽饮食，至六日夜，气力绵乏，疑不达旦，夫乃惧而许焉。以未剃发故，犹不尝进，即敕人为除发，乃下饮食。次旦受戒，仍业禅法，专精匪懈，学得初果。

什年七岁，亦俱出家，从师受经，日诵千偈。偈有三十二字，凡三万二千言。诵毗昙既过，师授其义，即自通达，无幽不畅。时龟兹国人，以其母王女，利养甚多，乃携什避之。

什年九岁，随母渡辛头河[3]，至罽宾，遇名德法师盘头达多，即罽宾王之从弟也。渊粹有大量，才明博识，独步当时；三藏九部[4]，莫不该博；从旦至中，手写千偈；从中至暮，亦诵千偈。名播诸国，远近师之。

什至，即崇以师礼，从受杂藏、《中》《长》二含，凡四百万言。达多每称什神俊，遂声彻于王。王即请入，集外道论师，共相攻难。言气始交，外道轻其年幼，言颇不逊。什乘隙而挫之，外道折伏，愧惋无言。王益敬异，日给鹅腊一双，粳米面各三斗，酥六升，此外国之上供也。所住寺僧，乃差大僧五人，沙弥十人，营视扫洒，有若弟子。其见尊崇如此。

至年十二，其母携还龟兹。诸国皆聘以重爵，什并不顾。时什母将什至月氏北山，有一罗汉见而异之，谓其母曰："常当守护此沙弥，若至年三十五不破戒者，当大兴佛法，度无数人，与优波毱多无异。若戒不全，无能为也，止可才明俊艺法师而已。"

什进到沙勒[5]国，顶戴佛钵，心自念言：钵形甚大，何其轻耶？即重不可胜，失声下之。母问其故，答云：“儿心有分别，故钵有轻重耳。”遂停沙勒一年，其冬诵《阿毗昙》，于十门修智诸品，无所谘受，而备达其妙。又于六足[⑥]诸问，无所滞碍。

沙勒国有三藏沙门名喜见，谓其王曰：“此沙弥不可轻，王宜请令初开法门。凡有二益：一国内沙门，耻其不逮，必见勉强；二龟兹王必谓什出我国，而彼尊之，是尊我也，必来交好。”王许焉，即设大会，请什升座，说转法轮经。龟兹王果遣重使酬其亲好。什以说法之暇，乃寻访外道经书，善学韦陀舍多论，多明文辞制作问答等事。又博览四韦陀典[⑦]，及五明[⑧]诸论，阴阳星算，莫不毕尽，妙达吉凶，言若符契。为性率达，不厉小检，修行者颇共疑之，然什自得于心，未尝介意。

时有莎车王子、参军王子兄弟二人，委国请从而为沙门。兄字须利耶跋陀，弟字须耶利苏摩。苏摩才技绝伦，专以大乘为化。其兄及诸学者，皆共师焉。什亦宗而奉之，亲好弥至。

苏摩后为什说《阿耨达经》，什闻阴界诸入，皆空无相，怪而问曰：“此经更有何义，而皆破坏诸法？”答曰：“眼等诸法，非真实有。”什既执有眼根，彼据因成无实。于是研核大小，往复移时。什方知理有所归，遂专务方等。乃叹曰："吾昔学小乘，如人不识金，以鍮石为妙。"因广求义要，受诵《中》《百》二论，及《十二门》等。顷之，随母进到温宿国[9]，即龟兹之北界。

时温宿有一道士，神辩英秀，振名诸国。手击王鼓而自誓言："论胜我者，斩首谢之。"什既至，以二义相检，即迷闷自失，稽首归依，于是声满葱左，誉宣河外。龟兹王躬往温宿，迎什还国。广说诸经，四远学宗，莫之能抗。

时王女为尼，字阿竭耶末帝，博览群经，特深禅要，云已证二果，闻法喜踊，乃更设大集，请开方等经奥。什为推辩诸法皆空无我，分别阴界，假名非实。时会听者，莫不悲感追悼，恨悟之晚矣。

至年二十，受戒于王宫，从卑摩罗叉学《十诵律》。有顷，什母辞往天竺，谓龟兹王白纯曰："汝国寻衰，吾其去矣。"行至天竺，进登三果。什母临去谓什曰："方等深教，应大阐真丹[10]，传之东土，唯尔之力，但于自身无利，其可如何？"

什曰："大士之道，利彼忘躯，若必使大化流传，能洗悟蒙俗，虽复身当炉镬，苦而无恨。"

于是留住龟兹，止于新寺，后于寺侧故宫中，初得《放光经》，始就披读。魔来蔽文，唯见空牒。什知是魔所为，誓心逾固，魔去字显，仍习诵之。复闻空中声曰：“汝是智人，何用以读此？”什曰：“汝是小魔，宜时速去。我心如地，不可转也。”

停住二年，广诵大乘经论，洞其秘奥。龟兹王为造金师子座，以大秦锦褥铺之，令什升而说法。什曰：“家师犹未悟大乘，欲躬往仰化，不得停此。”俄而大师盘头达多不远而至，王曰：“大师何能远顾？”达多曰：“一闻弟子所悟非常，二闻大王弘赞佛道，故冒涉艰危，远奔神国。”什得师至，欣遂本怀，即为师说《德女问经》。多明因缘空假，昔与师俱所不信，故先说也。

师谓什曰：“汝于大乘见何异相，而欲尚之？”

什曰：“大乘深净，明有法皆空；小乘偏局，多滞名相。”

师曰：“汝说一切皆空，甚可畏也。安舍有法而爱空乎？如昔狂人，令绩师绩绵，极令细好。绩师加意细若微尘，狂人犹恨其粗。绩师大怒，乃指空示曰：‘此是细缕。’狂人曰：‘何以不见？’师曰：‘此缕极细，我工之良匠，犹且不见，况他人耶？’狂人大喜，以付绩师。师亦效焉，皆蒙上赏，而实无物。汝之空法亦由此也！”

什乃连类而陈之，往复苦至，经一月余日，方乃信服。师叹曰："师不能达，反启其志，验于今矣。"于是礼什为师，言："和尚是我大乘师，我是和尚小乘师矣。"

西域诸国，咸伏什神俊，每至讲说，诸王皆长跪座侧，令什践而登焉。其见重如此。

什既道流西域，名被东国，时苻坚潜号关中，有外国前部王及龟兹王弟并来朝坚，坚于正殿引见。二王因说坚云："西域多产珍奇，乃请兵往定，以求内附。"至苻坚建元十三年，岁次丁丑正月，太史奏云："有星见外国分野，当有大德智人，入辅中国。"坚曰："朕闻西域有鸠摩罗什，襄阳有沙门道安，将非此耶！"即遣使求之。

至十七年二月，鄯善王、前部王等，又说坚请兵西伐。十八年九月，坚遣骁骑将军吕光、陵江将军姜飞等，将前部王及车师王等，率兵七万，西伐龟兹及乌耆[11]诸国。临发，坚饯光于建章宫，谓光曰："夫帝王应天而治，以子爱苍生为本，岂贪其地而伐之，正以怀道之人故也。朕闻西国有鸠摩罗什，深解法相，善闲阴阳，为后学之宗，朕甚思之。贤哲者国之大宝，若克龟兹，即驰驿送什。"光军未到，什谓龟兹王白纯曰："国运衰矣，当有勍敌，日下人从东方来，宜恭承之，勿抗其锋。"纯不从而战，光遂破龟兹，杀纯，立纯弟震为主。

光既获什，未测其智量，见年齿尚少，乃凡人戏之，强妻以龟兹王女。什拒而不受，辞甚苦到。光曰："道士之操，不逾先父，何所固辞？"乃饮以醇酒，同闭密室。什被逼既至，遂亏其节。或令骑牛及乘恶马，欲使堕落。什常怀忍辱，曾无异色，光惭愧而止。

光还中路，置军于山下，将士已休。什曰："不可在此，必见狼狈，宜徙军陇上。"光不衲，至夜果大雨，洪潦暴起，水深数丈，死者数千，光始密而异之。什谓光曰："此凶亡之地，不宜淹留。推运揆数，应速言归，中路必有福地可居。"光从之。至凉州，闻苻坚已为姚苌所害，光三军缟素，大临城南，于是窃号关外，称年太安。

太安二年正月，姑臧大风，什曰："不祥之风，当有奸叛，然不劳自定也。"俄而梁谦、彭晃相继而反，寻皆殄灭。光至龙飞二年，张掖⑫临松卢水胡⑬沮渠男成及从弟蒙逊反，推建康⑭太守段业为主。光遣庶子秦州刺史太原公纂，率众五万讨之。时论谓业等乌合，纂有威声，势必全克。光以问什，什曰："观察此行，未见其利。"既而纂败绩于合梨。俄又郭馨作乱，纂委大军轻还，复为馨所败，仅以身免。

光中书监张资，文翰温雅，光甚器之。资病，光博营救疗。有外国道人罗叉云，能差资疾。光喜，给赐甚重，什知叉诳诈，告资曰：“叉不能为，盖徒烦费耳。冥运虽隐可以事试也。”乃以五色丝作绳结之，烧为灰末，投水中，灰若出水还成绳者，病不可愈。须臾灰聚浮出，复绳本形。既而叉治无效，少日资亡。顷之，光又卒，子绍袭位。数日，光庶子纂杀绍自立，称元咸宁。

咸宁二年，有猪生子，一身三头，龙出东厢井中，到殿前蟠卧，比旦失之。纂以为美瑞，号大殿为龙翔殿。俄而有黑龙升于当阳九宫门，纂改九宫门为龙兴门。什奏曰：“比日潜龙出游，豕妖表异。龙者阴类，出入有时，而今屡见，则为灾眚，必有下人谋上之变，宜克己修德，以答天威。”纂不纳。与什博，戏杀棋曰：“斫胡奴头。”什曰：“不能斫胡奴头，胡奴将斫人头。”此言有旨，而纂终不悟。光弟保，有子名超，超小字胡奴。后果杀纂斩首，立其兄隆为主。时人方验什之言也。

什停凉积年，吕光父子，既不弘道，故蕴其深解，无所宣化。苻坚已亡，竟不相见，及姚苌僭有关中，闻其高名，虚心要请。诸吕以什智计多解，恐为姚谋，不许东入。及苌卒，子兴袭位，复遣敦请。

兴弘始三年三月，有树连理，生于庙庭；逍遥园葱变为茝，以为美瑞，谓智人应入。至五月，兴遣陇西公硕德，西伐吕隆，隆军大破。至九月，隆上表归降，方得迎什入关。以其年十二月二十日至于长安，兴待以国师之礼，甚见优宠。晤言相对，则淹留终日。研微造尽，则穷年忘倦。

自大法东被，始于汉明，涉历魏晋，经论渐多，而支竺所出，多滞文格义。兴少崇三宝，锐志讲集。什既至止，仍请入西明阁及逍遥园，译出众经。什既率多谙诵，无不究尽，转能汉言，音译流便。既览旧经，义多纰缪，皆由先译失旨，不与梵本相应。于是兴使沙门僧䂮、僧迁、法钦、道流、道恒、道标、僧睿、僧肇等八百余人，谘受什旨，更令出《大品》。什持梵本，兴执旧经以相仇校，其新文异旧者，义皆圆通，众心惬伏，莫不欣赞。

兴以佛道冲邃，其行唯善，信为出苦之良津，御世之洪则。故托意九经[15]，游心十二[16]，乃著《通三世论》，以勖示因果。王公已下，并钦赞厥风。大将军常山公显，左将军安城侯嵩，并笃信缘业，屡请什于长安大寺，讲说新经，续出《小品》《金刚般若》《十住》《法华》《维摩》《思益》《首楞严》《持世》《佛藏》《菩萨藏》《遗教》《菩提无行》《呵欲自在王》《因缘观》《小无量寿》《新贤劫》《禅经》《禅法要》《禅要解》《弥勒成佛》《弥勒下生》《十诵律》《十诵戒本》《菩萨戒本》，释《成实》《十住》《中》《百》《十二门》诸论，凡三百余卷。并畅显神源，挥发幽致。于时四方义士，万里必集，盛业久大，于今式仰。

龙光释道生，慧解入微，玄构文外，每恐言舛，入关请决。庐山释慧远，学贯群经，栋梁遗化，而时去圣久，疑义多端，乃封以谘什，语见远传。初沙门慧睿，才识高明，常随什传写，什每为睿论西方辞体，商略同异，云："天竺国俗，甚重文制，其宫商体韵，以入弦为善。凡覲国王，必有赞德；见佛之仪，以歌叹为贵。经中偈颂，皆其式也。但改梵为秦，失其藻蔚，虽得大意，殊隔文体。有似嚼饭与人，非徒失味，乃令呕哕也。"什常作颂赠沙门法和，云："心山育明德，流薰万由延。哀鸾孤桐上，清音彻九天。"凡为十偈，辞喻皆尔。

什雅好大乘，志存敷广，常叹曰："吾若着笔作大乘阿毗昙，非迦旃延子比也。今在秦地，深识者寡，折翮于此，将何所论！"乃凄然而止，唯为姚兴著《实相论》二卷，并注《维摩》，出言成章，无所删改，辞喻婉约，莫非玄奥。

什为人神情鉴彻，傲岸出群，应机领会，鲜有其匹。且笃性仁厚，汎爱为心，虚己善诱，终日无倦。姚主常谓什曰："大师聪明超悟，天下莫二，若一旦后世，何可使法种无嗣！”遂以伎女十人，逼令受之。自尔已来，不住僧坊，别立廨舍，供给丰盈。每至讲说，常先自说譬，如臭泥中生莲花，但采莲花，勿取臭泥也。

初什在龟兹，从卑摩罗叉律师受律，卑摩后入关中，什闻至欣然，师敬尽礼。卑摩未知被逼之事，因问什曰：“汝于汉地大有重缘，受法弟子可有几人？”什答云：“汉境经律未备，新经及诸论等，多是什所传出；三千徒众，皆从什受法。但什累业障深，故不受师敬耳。”

又杯度比丘在彭城，闻什在长安，乃叹曰：“吾与此子，戏别三百余年，杳然未期，迟有遇于来生耳。”

什未终日，少觉四大不愈，乃口出三番神咒，令外国弟子诵之以自救。未及致力，转觉危殆。于是力疾，与众僧告别曰：“因法相遇，殊未尽伊心，方复后世，恻怆可言。自以暗昧，谬充传译，凡所出经论三百余卷，唯《十诵》一部，未及删烦，存其本旨，必无差失。愿凡所宣译，传流后世，咸共弘通。今于众前发诚实誓：‘若所传无谬者，当使焚身之后，舌不燋烂。’”以伪秦弘始十一年八月二十日卒于长安。是岁晋义熙五年也。

即于逍遥园依外国法以火焚尸，薪灭形碎，唯舌不灰。后外国沙门来云：“罗什所谙，十不出一。”

初什一名鸠摩罗耆婆。外国制名多以父母为本。什父鸠摩炎，母字耆婆，故兼取为名焉。然什死年月，诸记不同，或云弘始七年，或云八年，或云十一。寻七与十一，字或讹误。而译经录中，犹有十一年者。容恐雷同三家，无以正焉。

注释

①**葱岭：**古代对帕米尔高原和昆仑山、喀喇昆仑山西部诸山之统称。

②**龟兹：**古西域国名，在今新疆库车县一带。

③**辛头河：**亦作信度河、新陶河、辛河、度陀河等，即现今之印度河，为印度之三大河之一。

④**三藏九部：**三藏，即佛教之经、律、论；“九部”亦作“九分教”“九部法”，亦即佛经内容之九种分类。“九部”之名称，南北所传不尽相同。

⑤**沙勒：**亦作“疏勒”“室利讫栗多底”等，西域古国名，位于今新疆喀什噶尔一带。

⑥**六足：**即六足论。此六足论为小乘有部宗之六部根本论藏，皆论一切有部宗之法义。一是舍利弗所集之《集异门足论》，二是大目乾连所集之《法蕴足论》，三是大迦多衍那之《施设足论》，四是提婆设摩之《识

身足论》，五是筏苏蜜多罗之《品类足论》，六是同人之《界身足论》。

⑦**韦陀典：**即婆罗门教之经典。玄奘《大唐西域记》曰：“其婆罗门，学四吠陀。”“吠陀”即印度最古之圣典，也是婆罗门教之根本经典。

⑧**五明：**古印度学者所必须研习之五类学问：一是“声明”，明语言文字；二是“工巧明”，明工艺、技术、历算等；三是“医方明”，明医术等；四是“因明”，即现代所说之逻辑学；五是“内明”，明自家学说之宗旨。此“内明”诸家各异，婆罗门以“四吠陀”为“内明”，佛教以三藏十二部经为“内明”。

⑨**温宿国：**西域古国名，位于新疆天山南麓，喀什噶尔之东北。

⑩**真丹：**亦译作“震旦”“振旦”，古代印度人对中国之称呼。

⑪**乌耆：**亦译作“焉耆”“乌缠”“焉夷”等，古西域国名，今于今新疆焉耆一带。

⑫**张掖：**古郡名，位于今甘肃张掖西北。

⑬**卢水胡：**卢水乃地名，胡即匈奴，卢水胡是匈奴的一支。东晋隆安五年，临松卢水胡人沮渠蒙逊自称凉州牧、张掖公，是十六国之一的北凉之主。

⑭**建康：**古都名，晋建兴三年（公元三一五年）因

避愍帝司马邺讳，改建邺为建康，即今南京。

⑮**九经：**即九部经。有说此九部经仅属小乘，有说此九部经是大乘经中之内容分类，说法不一。

⑯**十二：**佛教分一切经为十二类，故又称十二分教、十二分经。

译文

鸠摩罗什，意译作童寿，龟兹国（今新疆库车一带）人，祖籍印度，其家世代为相国。祖父达多，独立不羁，卓越豪放，名重于国。父亲鸠摩炎，聪明有美德，当他即将继承相位之时，乃辞避相位而出家修道，东度葱岭，龟兹国王获悉他自动放弃高官厚爵，十分敬重他，亲自到郊外迎接他，并拜他为国师。

国王有一位妹妹，年方二十，聪明颖悟，才华出众，读书过目即能理解，一听就能背诵，且身上有红痣，依法相言，正是必生贵子的象征。邻近许多国家王公贵族都竞相来提亲，但都遭拒绝。自见到鸠摩炎后，很喜欢他，并决意嫁给他。龟兹王遂逼他与其妹妹成亲，后来怀下了罗什。罗什在娘胎时，其母亲智慧、悟解较之平时倍增。听说当时的雀梨大寺名僧云集，又有得道之高僧，就与王族贵妇人及一些颇具德行的尼众，连日设供，斋请诸名僧大德，并聆听他们说法。有一天，罗什之母亲忽然自通印度语，平时一些难度颇大之言辞、术语，都能理解、辨析，大家都感到十分惊异。当时有一叫达摩瞿沙的罗汉说："这必定身怀智子。以前舍利弗的母亲怀胎时，其母也智慧倍增，正是先例。"等到罗什出生之后，其母之印度语及以前所说的一些话又都忘却了。

后来，其母很想出家，但其丈夫不同意，遂再生下一个小孩，名叫弗沙提婆。再后来，因为出城游玩，见墓地草丛中，尸骨纵横，散于各处，深深感悟到人生乃一苦海，就求离俗出家，立誓落发为尼，因为丈夫仍不同意，就饭食不思，滴水不进，一直到了第六天夜里，眼看她气若游丝，再也顶不过那天晚上了，其丈夫乃惊恐不安，终于答应了她。因为尚未剃发，她仍然不肯饮食，其丈夫连忙请人为她剃发。剃发之后，她才同意饮食。第二天早上，即受戒，仍然学习、钻研禅法，精勤专一，坚持不懈，终于证得须陀洹初果。

罗什七岁时，也跟着出家，从师父学习经论，日诵上千偈。所读的偈颂每偈有三十二字，共三万二千言。读过论典之后，师父为他讲授义理后，即自通达。当时龟兹国之人，因其母乃是王女，所以各方面诸多照顾，供养甚丰，这使其母颇感不安，遂携罗什离开该国。

罗什九岁时，随其母渡过印度河，到了罽宾，正好遇上名僧盘头达多，乃罽宾王之堂弟，学识渊博，独步于当时；三藏九部，莫不精通；从早上至中午，手写上千偈；从中午至傍晚，亦口诵千偈。闻名于各国，远近学人都争相拜他为师。

罗什到罽宾之后，就拜他为师，跟从他学习杂藏、《中阿含》、《长阿含》，计四百余万言。达多常常称赞罗什聪明、俊逸，因此年纪虽小，已声名远扬，并传到当时国王的耳朵里。国王即请他入宫，集合了许多外道论师，一起向他发起诘难。刚开始时，众外道见他年纪轻轻的，都不把他放在眼里，出言亦多有不逊。罗什趁机一一挫败了他们，外道全都被折服，羞愧无言。国王见状，颇感惊异，对他更为敬重，每日供给鹅腊一双，粳米、麦面各三斗，酥六升，这乃是外国僧人之上等供养。所住寺院的僧人，则派大僧五人，小沙弥十人，负责洒扫侍候，有如他的弟子。其见尊崇，一至于此。

到了十二岁时，其母把他带回龟兹。当时各国都争相以高位重爵聘请他，罗什都没有接受。后来，其母带罗什到月支国北山，有一罗汉见到罗什后甚是惊异，对其母说：“你应当好好守护此沙弥，如果他至三十五岁时还未破戒，定能大兴佛法，度脱无数人，与优波毱多差不多。若在此之前破了戒，则很难有太大的作为，充其量只能做一个才华出众之贤人学者。”

罗什到了沙勒国后，头顶戴着佛钵，心里默默地说：看其形状甚大，怎么却这么轻？佛钵随即变成其重无比，即时失声放下。母亲问他是什么原因，他如实告诉母亲。母亲就说：“你的心有分别，故佛钵有轻重之分。”其后，母子在沙勒国住了一年。那一年冬天，读诵《阿毗昙》，对于其中之十门诸品无须请教于人，则能备达其妙。又对于六足诸问，十分精通。

沙勒国原有三藏沙门名喜见，对其国王说：“此沙弥不可轻视他，应当请他开席说法。如此做有两个好处：一者国内沙门，会以自己连这样一个沙弥之学问、德行都比不上而感到羞耻，从而发奋治学、修道；二者此沙弥本是龟兹国人，龟兹国王看到我们如此尊重他，这无异尊重龟兹国，必定与我们交好。”国王准奏，遂开说法大会，请罗什升座说法。龟兹国王听到这消息后，果然派遣特使前来，与沙勒国交好。罗什在说法之暇，乃到处寻访外道经书，学习韦陀舍多论，通晓明了文辞制作问答等等。又博览四韦陀书，及五明诸论、阴阳星算等无不精通，故能预知吉凶，言之有征。加之其人生性放达，不拘小节，修行者都颇感疑惑，但罗什自得于心，毫不介意。

当时有莎车王子、参军王子兄弟二人，委任国事后请求出家。兄字须利耶跋陀，弟字须耶利苏摩。苏摩才技绝伦，专门研习、弘扬大乘佛法。其兄及诸学者，都以他为师。罗什亦奉其为师，与他关系颇密切。

苏摩后来为罗什说《阿耨达经》，当罗什听苏摩讲到阴、界、入，皆空无相时，颇感诧异，就问苏摩："此经更有何义，而皆破诸法？"苏摩曰："眼等诸法，非真实有。"罗什既执有眼根，其又依赖于它因，故成无实。于是罗什比照大小二乘，反复探究，方知佛理有所归趣，遂专攻方等，乃叹道："吾过去修学小乘，如人不识金，以石头为妙。"因此广求要义，读诵《中论》、《百论》及《十二门论》等。不久，随母到了温宿国，即龟兹国北边之邻国。

当时，温宿国有一道士，能言善辩，名扬各国。他常手击王鼓，并发誓说："如果谁能辩倒我，即斩首以相谢。"罗什到温宿国后，以二义与之相论难，那个道士即迷惘自失，稽首皈依，于是罗什的声名大振于葱岭以东及宣河之外。龟兹国王亲自往温宿国迎接罗什还国。回国之后，罗什广说诸经，四周的学者，没有一个能与之相抗衡。

当时国王有一女儿出家为尼，字阿竭耶末帝，博览群经，对禅学尤为精通，言已证第二果，喜乐听闻佛法，乃举办盛大佛法讲座，请鸠摩罗什讲解大乘之义理。罗什遂为阐发空宗义理，广说诸法皆空无我，唯是假名，一切阴、界、入，都幻而不实。所有与会者听后都十分感叹，只恨自己听之太迟，悟之太晚。

当罗什二十岁时，在王宫受具足戒，从卑摩罗叉学《十诵律》。过了一段时间，其母辞往印度，临走时对龟兹王白纯说："你的国家不久将衰落，我们就要离开了。"到印度后，进一步断除烦恼得到三果。在离开龟兹国时，她还对罗什说："大乘佛法，应该传之东土，在中国弘扬，此事只有靠你去努力，但做这件事，对你自身却有害而无利，如果这样，你愿不愿意去做？"

罗什曰："致力于弘扬佛法之菩萨，为利益他人，捐躯舍生都在所不辞，如果真能使佛法弘传，使凡夫俗子们都得到开悟，即便是赴汤蹈火，我也愿意去做。"

于是就留在龟兹，住于新寺，后来于寺旁故宫中，首次得到《放光般若经》，就开始潜心研读。其时有一魔鬼使用魔术，把经文遮蔽住，使得罗什看不到经文。罗什知道此乃是魔鬼所为，心志更加坚固，魔鬼无奈，只好作罢，离开后字又重新显现，罗什才仍然继续读诵经典。不久，又听到空中有声音道："你是有智慧之人，何必还读这种经典？"罗什道："你是小魔，应该速速离去，我学佛之心犹如大地一样不可动摇。"

罗什在龟兹停住二年，广读大乘经典，洞察其深蕴义理。龟兹王为他造金狮子座，用中土之锦褥铺之，让罗什升座说法。罗什道：“我的师父至今尚未得悟大乘佛法，我必须亲自去度化他，因此，不能留在此地说法。”过了不久，其师父盘头达多突然来到龟兹，龟兹王问他：“大师怎么会光临敝国？”达多曰：“一者听说弟子罗什悟得非常之大乘佛法，二者听说大王盛弘佛法，所以不辞远途跋涉来到贵国。”罗什得知师父来到龟兹，终于了却心愿，十分高兴，就为其师父讲解《德女问经》。此经多明因缘空假，以前他与其师父都不相信这种义理，所以首先为他讲解此经。

起初，达多对罗什说：“你认为大乘佛法有什么特别高明之处，所以崇尚它？”

罗什曰：“大乘佛法精湛深邃，明一切诸法皆无相；小乘偏狭，多执名相。”

其师曰：“你说一切皆空，很是可怕。怎么能舍有而爱空呢？这有如过去的一个狂人，让织匠给他织布，要求他织得越细越好。织匠极其所能，把布织得细若微尘，但那个狂人还嫌其织得太粗。纺匠大怒，乃指着空中说道：‘那就是最细之棉纱。’狂人道：‘怎么我看不见？’纺匠道：‘此棉纱极细，我算是很好织匠了，尚且看不见，何况其他人？’狂人听后大喜，就把工钱给织匠。很多织匠都效法他，结果，皆得到上等赏赐，而实际上并无一物。你所说的空法，也跟这差不多吧！”

罗什听后，乃广征博引，连类比喻反复为其师父讲说，经过一个多月讲解，其师父方才信服，并叹道：“为师的不能通达事理，当弟子的反而开导启发他，此说于今日得到印证也。”于是反拜罗什为师，并说：“罗什是我的大乘师，我是罗什的小乘师。”

西域各国，全都佩服罗什之神明俊逸，每当他讲经时，各国国王都长跪于讲席旁边，让罗什升座说法。其受尊崇，一至于此。

罗什既在西域盛弘佛法，声名逐渐传到中土来，当时苻坚占据关中，建立前秦，有外国前部王及龟兹王之弟等来朝觐，苻坚于正殿接见他们。二王对苻坚说：“西域盛产各种珠宝，物产丰富，请求您派兵去征服西域，以使他们成为秦朝之附属国。”到苻坚建元十三年正月，太史奏道：“从星相看，当有大德入辅中国。”苻坚道：“我听说西域有一贤圣之士名叫鸠摩罗什，襄阳有沙门道安法师，大概就是他们吧！”遂遣使求之。

到建元十七年二月，鄯善王、前部王等，又奏请苻坚，请他派兵西征。十八年九月，苻坚就派骁骑将军吕光及陵江将军姜飞等率兵七万，西伐龟兹及乌耆诸国。军队临出发时，苻坚在建章宫设宴为吕光等将士饯行，并对吕光说：“帝王应天而治，以爱护苍生百姓为本，此次西伐，并不是为了贪求、掠夺其土地，而是为了得到得道高人。我听说西域有鸠摩罗什，深谙佛法，善解阴阳，为学者之宗师，我很思念他。贤哲之士，乃国之大宝，若果攻克了龟兹，请迅即把罗什送回国内。”吕光之军队还未到达龟兹，罗什就对龟兹王白纯说：“国运衰矣，不日将有强敌从东方来，你应该顺从他，不要以硬碰硬。”白纯不听罗什之劝告，遂率军队与吕光作战，结果被吕光打败，白纯被杀，立其弟震为王。

吕光得到罗什后，尚不知其智慧如何，只见他年纪尚少，就以凡人对待他，把龟兹王之女许配给他。罗什拒绝接受，苦苦推辞。吕光道：“道士之德操道行，不超越先父，为何执意推辞？”遂给他饮醇酒，把龟兹王女及他一起关进密室。罗什被逼至此，遂亏其节。后来，吕光又让他骑牛及劣性之马，欲让他从马上掉下来。罗什对这一切都坦然处之，脸不变色。吕光反而自感惭愧，因而停止对他之戏弄。

在带罗什回国路上，有一次，吕光把军队安置在山下，罗什说：“不可把军队安置于此地，若然，必定会碰到麻烦，应该把军队安置在山坡之上。”吕光不采纳他的建议。到那天夜里，大雨滂沱，山洪暴发，水深数丈，被淹死的士兵有数千人。吕光才暗地惊异罗什之才能。罗什又对吕光说：“现在军队所住的地方，实属凶地，不宜久留，推算时运和定数，你应该赶快率兵回国，中途必有吉祥之地，适合居住。”吕光采纳了罗什的意见。到了凉州，传闻苻坚已被姚苌所害，吕光令三军披麻带孝，把军队开到城南，于是占据关外，自立为王，年号为太安。

太安二年正月，姑臧忽起大风，罗什曰：“不祥之风，必有奸贼叛乱，但不成气候，无须兴师动众，自然能平定。”不久梁谦、彭晃相继谋反，但随即被歼灭。吕光在龙飞二年，张掖郡临松卢水一系匈奴沮渠男成及其堂弟蒙逊等反叛，推举建康太守段业为盟主。吕光派遣其子秦州刺史太原公纂，率领五万将士前去讨伐。当时舆论普遍认为段业等乃乌合之众，纂等很有威势，必定全歼叛军。吕光以此事问罗什，罗什曰：“我看此行未必吉利。”后来纂军大败于合梨。过了不久，郭馨又作乱，纂率大军返回征讨，又被郭馨所败，差点连自己也被俘虏。

吕光之中书监张资，满腹经纶，很有才学，吕光很器重他。张资生病时，吕光想尽各种方法为他治病。当时有一外国道人罗叉，自称能治张资之病。吕光甚是高兴，给了他很多赏赐，罗什知道罗叉乃是欺诈吕光，就告诉张资曰：“罗叉不能治病，一切都将徒劳无功。人的命运幽隐难知，不妨以事试之。”就以五色丝结成绳子，用火烧成灰，然后投进水中，并说：“灰若出水又变成绳，则病不可治。”片刻时间，绳子之灰就浮到水面又现出绳之形来。后来，罗叉之治疗果然无效，过了几天，张资则告死亡。不久，吕光也死去，其子吕绍继位。过了几天，吕光之妾所生之子纂又杀吕绍自立为王，年号称为咸宁。

咸宁二年，连连发生怪事：有猪生子，一身三头，夜里飞龙从东殿井中爬出，盘伏于殿前，第二天一早又不见了。吕纂把这作为好的预兆，把该殿命名为龙翔殿。不久有黑龙升于东阳九宫门，吕纂又改九宫门为龙兴门。罗什奏道：“连日来潜龙出游，猪妖现异相。龙者阴类，出入有时，而今屡屡出现，这是灾祸的象征，必定有下人谋上作乱，你应该克己修德，以报答上天之谴告。”吕纂不听其言。后来，与罗什下棋，拿下棋开玩笑说：“砍胡奴头。”罗什曰：“不能砍胡奴头，胡奴将砍人头。”此语话中有话，而吕纂并不理解。吕光有一弟名保，保有子名超，超小字胡奴。后来果然杀吕纂，立其兄隆为王，正印证罗什所说的“胡奴将砍人头”一说。

罗什在凉州逗留年余，吕光父子又不弘扬佛法，故其对于佛学之深刻见解，也无从宣说、弘传。苻坚已经故世，竟然不能见上一面，到了姚苌僭位，占据关中，听到罗什的高名，诚心请他去后秦。吕氏诸君因罗什智谋出众，恐怕为姚秦所用，就不许罗什到姚秦去。等到姚苌死后，其子姚兴即位，又派遣特使去请罗什。

姚兴弘始三年（公元四〇一年）三月，庙庭有异根树木，枝干连生；逍遥园中葱变为兰，大家都以为这是吉祥之兆，说有大贤之人将入后秦。到是年五月，姚兴派陇西公硕德，西伐吕隆，大破吕军。至九月，吕隆上书归降，才得以把罗什迎入关内。当年十二月二十日到达长安，姚兴待之以国师之礼，极是宠信他。两人常常促膝长谈，一起探研佛理，终年乐而无倦。

自从佛法东流，始于汉明帝之时，历经魏晋，佛教经论渐渐增多，而支、竺诸公所译出的佛经，多滞文格义。姚兴自少崇信三宝，锐志于搜集、讲解佛经。罗什到长安后，就把他请入西明阁及逍遥园，译出众经。罗什对于佛经本来就十分熟悉，后来又懂得汉语，翻译极是方便、顺畅。当他阅读旧译经典时，发现这些译典错误很多，不少翻译违背佛经本义，不与梵本相对应。于是姚兴请沙门僧䂮、僧迁、法钦、道流、道恒、道标、僧睿、僧肇等八百余人，向罗什请教，让他们重新译出《大品》。罗什手持梵本，姚兴执旧经相仇校，其新译异于旧译之处多，文字更顺畅，义理更圆通，大家都十分钦佩，极是赞叹。

姚兴以为佛教宏博、深邃，尤重劝人为善，实是出离苦海之良津，治世之仪范。所以致力于九部经，留心于十二分教，乃著《通三世论》，以昭示因果之报应，王公以下，都钦赞其风。大将军常山公显，左将军安城侯嵩，都笃信因缘业报，屡请罗什于长安大寺，讲说新经，续译出《小品》《金刚般若》《十住》《法华》《维摩》《思益》《首楞严》《持世》《佛藏》《菩萨藏》《遗教》《菩提无行》《呵欲自在王》《因缘观》《小无量寿》《新贤劫》《禅经》《禅法要》《禅要解》《弥勒成佛》《弥勒下生》《十诵律》《十诵戒本》《菩萨戒本》，释《成实论》《十住》《中论》《百论》《十二门论》等，各种经论三百余卷。并且畅说义理，阐发幽微。当时，四方义学，万里云集，规模宏大，至今令人景仰。

龙光寺竺道生，擅长阐释义理，善悟言外之意，也常担心所译讹谬，故亲自至长安请教于罗什。庐山释慧远则致书罗什，提出很多问题请他解答、审定，此事在佛教界广为流传。沙门慧睿，才学识见都颇出众，常跟随罗什，替他传写译著、书文，罗什经常为他讲解印度之文辞语体，与他商榷中印两种文辞语体之异同，曰："印度之习惯，甚重音韵语体，宫商音韵，以入弦为善。凡是觐见国王，必有赞颂德业；拜佛之礼仪，以歌叹为贵。经中之偈颂，即是其范式。但是如果把这种偈句改为汉语，很容易失其韵味，虽然得其大意，但于文体等方面则多有走样。这有似嚼饭与人，非但失味，而且容易令人作呕。”罗什常作偈颂赠予沙门法和，曰：“心山育明德，流薰万由延。哀鸾孤桐上，清音彻九天。”凡有十偈，文辞、语体大抵都是这样。

罗什崇尚大乘，立志弘扬，经常感叹道：“如果我执笔撰大乘论著，非迦旃延子之所能比。现在中土，深识大乘义理者很少，既然在这个地方，撰论又有何用呢！”乃凄然而止，只为姚兴著《实相论》二卷，并注《维摩诘经》，出口成章，无须修改，文辞优婉，蕴含玄理。

罗什为人神情鉴澈，伟岸出众，应机会意，很少有人能同他相比。而且秉性诚实、敦厚，慈悲博爱，好学善诱，终日不倦。姚兴常对罗什说：“大师聪明颖悟，天下无双，一旦谢世，怎么能无有后继者！”遂以伎女十人，强迫罗什接受。自此之后，罗什不住在僧房，别立住处，供给丰盈。每当讲经说法之时，常先自说譬喻，曰：如污泥中所生之莲花，但采莲花，勿取污泥。

最初，罗什在龟兹，从卑摩罗叉学律藏，后来卑摩罗叉到长安，罗什十分高兴，尽弟子之礼。卑摩不知罗什被迫纳伎女之事，就问罗什：“你与汉地大有因缘，来中土弘法这么长时间了，现有多少弟子？”罗什答道："汉地经律尚不完备，新译经论，多是我之所传译；三千徒众，皆从我受学。但我业障深重，故没有正式拜我为师。"

杯度和尚在彭城听说罗什在长安，乃叹道："吾与此公阔别三百多年了，一直没有跟他再见面，看来只有等来生再相会了。"

后来，罗什觉得身体略有不适，乃口念三遍咒语，令外国弟子继续念诵以治病。无奈世寿将尽，病情日渐加重，乃与众僧诀别曰："因佛法之故，得与诸公相聚，看来今生难以尽心，只好俟之来世，着实令人悲伤。我才疏学浅，谬充传译，所译经论凡三百余卷，只有《十诵律》一部未及删削，存其原本，这肯定不会有什么差错。但愿所译经典能流传后世，全都得到弘扬、流通。我现在于大家面前发誓：'若我所传译的经典无什么大的差错，我死之后火化身体时，即舌头烧不烂。'"遂于姚秦弘始十一年（公元四〇九年）八月二十日，死于长安。那一年即是晋义熙五年。

其后，在逍遥园依外国习惯，用火焚烧遗体。柴火烧完之后，身体都烧化了，只有舌头未烧成灰。后外国沙门来说："罗什所谙，十不出一。"

起初，罗什之名叫鸠摩罗耆婆。外国取名，多以父母为本。罗什之父亲叫鸠摩炎，其母叫耆婆，所以兼取父母之名，称为鸠摩罗耆婆。罗什之卒年，各种文献记载不尽相同，有说死于弘始七年的，有说死于弘始八年的，也有说死于弘始十一年的。盖七与十一，或许因为字误所致。而经录中，也有记载死于弘始十一年的。各说不同，无从校定。

晋长安佛陀耶舍

原典

佛陀耶舍，此云觉名，罽宾人，婆罗门种，世事外道。有一沙门，从其家乞食，其父怒，使人打之，父遂手脚挛躄，不能行止。乃问于巫师，对曰："坐犯贤人，鬼神使然也。"即请此沙门，竭诚忏悔，数日便瘳。因令耶舍出家，为其弟子，时年十三，常随师远行。于旷野逢虎，师欲走避，耶舍曰："此虎已饱，必不侵人。"俄而虎去，前行果见余殨。师密异之。

至年十五，诵经日得二三万言，所住寺，常于外分卫，废于诵习。有一罗汉重其聪敏，恒乞食供之。

至年十九，诵大小乘经数百万言。然性度简慠，颇以知见自处，谓少堪己师，故不为诸僧所重。但美仪止，善谈笑，见者忘其深恨。年及进戒，莫为临坛[①]，所以向立之岁，犹为沙弥[②]。乃从其舅学五明诸论，世间法术，多所综习。年二十七，方受具戒[③]。恒以读诵为务，手不释牒。每端坐思义，不觉虚中过时，其专精如此。

后至沙勒国，国王不悆[④]。请三千僧会，耶舍预其一焉。时太子达磨弗多，此言法子，见耶舍容服端雅，问所从来，耶舍酬对清辩，太子悦之，仍请留宫内供养，待遇隆厚。罗什后至，复从舍受学，甚相尊敬。什既随母还龟兹，耶舍留止。顷之，王薨，太子即位。时苻坚遣吕光等西伐龟兹，龟兹王急，求救于沙勒。沙勒王自率兵赴之，使耶舍留辅太子，委以后事。救军未至而龟兹已败。王归，具说罗什为光所执，舍乃叹曰："我与罗什相遇虽久，未尽怀抱，其忽羁虏，相见何期！"停十余年，乃东适龟兹，法化甚盛。

时什在姑臧，遣信要之。裹粮欲去，国人留之，复停岁许。后语弟子云："吾欲寻罗什，可密装夜发，勿使人知。"弟子曰："恐明日追至，不免复还耳。"耶舍乃取清水一钵，以药投中，咒数十言，与弟子洗足，即便夜发。比至旦，行数百里。问弟子曰："何所觉耶？"答曰："唯闻疾风之响，眼中泪出耳。"耶舍又与咒水洗足，住息。明旦，国人追之，已差数百里，不及。

行达姑臧，而什已入长安。闻姚兴逼以妾媵，劝为非法，乃叹曰："罗什如好绵，何可使入棘林中！"什闻其至姑臧，劝姚兴迎之，兴未纳。顷之，兴命什译出经藏。什曰："夫弘宣法教，宜令文义圆通。贫道虽诵其文，未善其理，唯佛陀耶舍深达幽致，今在姑臧，愿诏征之，一言三详，然后着笔，使微言不坠，取信千载也。”

兴从之，即遣使招迎，厚加赠遗，悉不受。乃笑曰："明旨既降，便应载驰。檀越待士既厚，脱如罗什见处，则未敢闻命！”使还具说之。兴叹其几慎，重信敦喻。

方至长安，兴自出候问，别立新省于逍遥园中。四事供养，并不受。时至分卫，一食而已。于时罗什出《十住经》，一月余日，疑难犹豫，尚未操笔。耶舍既至，共相征决，辞理方定。道俗三千余人，皆叹其赏要。

舍为人赤髭，善解《毗婆沙》，时人号曰："赤髭毗婆沙。”既为罗什之师，亦称“大毗婆沙”。四事供养，衣钵卧具，满三间屋，不以关心。姚兴为货之，于城南造寺。耶舍先诵《昙无德律》，伪司隶校尉姚爽请令出之，疑其遗谬，乃试耶舍，令诵羌籍药方，可五万言。经一日，乃执文复之，不误一字，众服其强记。

即以弘始十二年，译出《四分律》，凡四十四卷，并出《长阿含》等。凉州沙门竺佛念，译为秦言，道含笔受。至十五年解座[⑤]，兴嚫耶舍布绢万疋，悉不受。道含、佛念布绢各千疋。名德沙门五百人，皆重嚫施。

耶舍后辞还外国，至罽宾，得《虚空藏经》一卷，寄贾客，传与凉州诸僧。后不知所终。

注释

①**临坛：**指僧尼登临戒坛，举行授戒仪式，此指受具足戒。

②**沙弥：**旧译“息恶”“行慈”等，是出家受十戒男子之通称。

③**具戒：**即“具足戒”，为比丘、比丘尼当受之戒，比丘为二百五十戒，比丘尼为五百戒。

④**悆：**喜欢、喜悦之意。嵇康《琴赋》曰：“若和平者听之，则怡养悦悆。”

⑤**解座：**即解散法席。

译文

佛陀耶舍，中土称为觉名，罽宾人，出生于婆罗门种姓，其家世代师事外道。曾经有一沙门到他家乞食，其父发怒，叫人打此沙门，其父遂患上手脚痉挛之疾，不能走路。遂问疾于巫师，巫师曰：“此乃触犯了贤人，受到鬼神之惩罚。”其父便请来那沙门，竭诚忏悔，没过几天，就痊愈了。因此之故，其父让佛陀耶舍出家，做那沙门的弟子，当时佛陀耶舍十三岁，常跟随师父外出远行。有一次，师徒俩于荒郊旷野中碰到一只老虎，其师欲走避，佛陀耶舍道：“此虎已经吃饱了，必定不会伤人。”不久虎自离去，师徒继续往前走不远，果然看见老虎吃剩下的食物。其师很感诧异。

到了十五岁，日诵经达二三万言，所住寺院，因常外出乞食，占去了诵经修习的许多时间。该寺有一位罗汉，见他聪明机敏，认定他日后必定大有作为，就代他乞食，供给于他。

到十九岁时，诵大小乘经数百万言。但佛陀耶舍生性简傲，颇以知见自居，称很少有人能当他的老师，因此众僧不太喜欢他。但他风神俊逸，举止风雅，且善谈言笑，因此与他相处之人，很快就忘却对他之怨恨。到了应当受戒的年纪，尚没受戒，二十来岁了，还是一个沙弥。就从其舅学五明诸论，世间的法术等，也多所综习。二十七岁时，才受具足戒。常以读诵经典为务，手不释卷。每当端坐，则凝思入神，不知早晚，其精勤专一,一至于此。

佛陀耶舍后来到了沙勒国，国王不怎么喜欢他，三千僧人之会，他只是其中普通一僧。太子达磨弗多，汉言称为法子，见佛陀耶舍俊逸风雅，就问他从哪里来的，佛陀耶舍对答清雅，太子很喜欢他，就请他留在宫中供养，待之甚厚。罗什到沙勒国后，曾从他受学，两人都非常敬重对方。罗什随母亲返回龟兹后，佛陀耶舍继续留在沙勒国。不久，沙勒国国王去世，太子即位。

当时苻坚派吕光等西伐龟兹，龟兹王曾派人向沙勒国请求救兵，沙勒国王亲自率兵前去救援，让佛陀耶舍留在国内辅助太子，把后事委托给他。前去救援的军队还未到，龟兹国已被打败。国王就率兵回国，并对佛陀耶舍语及罗什被吕光掳获之事，佛陀耶舍长叹道："我与罗什虽然早就见过面，但相处时间很短，他这次忽然被吕光所掳，不知哪年才能再相见！"佛陀耶舍在沙勒逗留了十多年，后就去龟兹广弘佛法。

当时罗什在姑臧，曾致书请他到姑臧去，佛陀耶舍带了干粮，准备前往。龟兹国僧俗二界都极力挽留他，又在龟兹逗留了一年多。有一次，他对弟子们说："我准备到姑臧去找罗什，不要惊动他人，趁夜间悄悄出发。"他的弟子们就说："明天众人一发现，肯定派人追上来，还是被叫回来。"佛陀耶舍就取来一钵清水，把药放进水里，然后念咒语数十言，把水拿给弟子洗足，并且于当天夜里悄悄出发。到第二天早晨，已走了几百里路程。他问众弟子："有什么感觉？"大家答道："两耳只听见嗖嗖风声，眼中泪水直流。"佛陀耶舍又用咒水让大家洗了脚，让大家歇息。第二天，龟兹国的人发现佛陀耶舍已经走了，赶紧追赶，但与佛陀耶舍等已相差几百里，再也追不上了。

佛陀耶舍一行人到了姑臧，而当时罗什已经去了长安。听说姚兴逼他接纳伎女，劝他做出了不合佛法之事，乃长叹道：“罗什有如细棉，怎能使他处于荆棘之中呢！”罗什听说佛陀耶舍已经去了姑臧，就劝姚兴把他接到长安去。姚兴没有接纳他的意见。不久，姚兴命罗什翻译经典。罗什就说：“要翻译佛经，弘扬佛法，必须使文义圆通。我虽然能读佛经经文，但不甚善其义，只有佛陀耶舍对于佛教义理最是谙熟精通，他现在就在姑臧，可以下诏征召他来长安，我与他一起反复切磋，然后再下笔，这样才能使所译经典义理纯正，使得大法弘传。”

姚兴听从了他的建议，遂遣使去姑臧，准备接佛陀耶舍去长安。使者到姑臧之后，给了佛陀耶舍很丰厚的赏赐，佛陀耶舍都不肯接受，并笑着对使者说：“姚主明旨既降，本应立即动身前往。施主待沙门既然总是那么优厚，如果日后像对待罗什那样对待我，则不敢从命矣！”使者回长安后，把佛陀耶舍的话如实告诉了姚兴，姚兴感叹其为人之谨慎，乃郑重向他做出保证，佛陀耶舍才去了长安。

至长安后，姚兴亲自去向他问候致意，在逍遥园中另立新居。所给他之丰厚供养，都不肯接受。到了斋食时间，只是草草一食而已。当时罗什正在翻译《十住经》，一个多月时间内，反复斟酌，颇难定夺，所以一直未动笔。等佛陀耶舍到了之后，两人一起切磋，辞理、文意才定下来。当时道俗三千多人，都赞叹他识见独到。

佛陀耶舍的胡须呈赤色，善解《毗婆沙》，当时的人都称他为“赤须毗婆沙”。因他曾为罗什之师，亦称之为“大毗婆沙”。衣服、饮食、汤药、房舍等项供养丰盈，衣服、卧具等，满三间屋，他从不在意。姚兴替他把这些衣物等卖掉，所得款项在城南建造一寺。佛陀耶舍先是诵《昙无德律》，姚秦司隶校尉姚爽请佛陀耶舍把此律默诵译出，但担心它会有所遗漏，就用别的典籍试验他，让他背诵羌籍药典约五万言。经过一天，姚爽就把药典盖起来，让佛陀耶舍背诵，只见他背得一字不差，大家都十分佩服他之强记。

就在弘始十二年（公元四一〇年），请他译出《四分律》，共四十四卷，并诵出《长阿含》等经典。凉州沙门竺佛念译为汉语，道含笔受。至弘始十五年散席，姚兴赏赐佛陀耶舍绢布万疋，他都不肯接受。赐道含、竺佛念绢各千疋。参加翻译之名僧、沙门五百多人，都得到赏赐。

佛陀耶舍后来辞别回国，行至罽宾，得到《虚空藏经》一卷，寄客商送给凉州诸僧。后不知所终。

晋京师道场寺佛驮跋陀罗

原典

佛驮跋陀罗，此云觉贤，本姓释氏，迦维罗卫[①]人，甘露饭王之苗裔也。祖父达摩提婆，此云法天，尝商旅于北天竺，因而居焉。父达摩修耶利，此云法日。父少亡，贤三岁孤，与母居。五岁复丧母，为外氏所养。从祖鸠婆利，闻其聪敏，兼悼其孤露，乃迎还，度为沙弥。

至年十七，与同学数人，俱以习诵为业。众皆一月，贤一日诵毕。其师叹曰："贤一日，敌三十天也。"及受具戒，修业精勤，博学群经，多所通达。少以禅律驰名。常与同学僧伽达多，共游罽宾，同处积载。达多虽服其才明，而未测其人也。

后于密室闭户坐禅，忽见贤来，惊问何来？答云："暂至兜率致敬弥勒。"言讫便隐。达多知是圣人，未测深浅，后屡见贤神变，乃敬心祈问，方知得不还果。

常欲游方弘化，备观风俗。会有秦沙门智严，西至罽宾，睹法众清净，乃慨然东顾曰："我诸同辈，斯有道志，而不遇真匠，发悟莫由。"即谘询国众，孰能流化东土？佥曰："有佛驮跋陀者，出生天竺那呵梨城[②]族姓相承，世遵道学。其童龀出家，已通解经论。少受业于大禅师佛大先。"

先时亦在罽宾，乃谓严曰："可以振维僧徒，宣授禅法者，佛驮跋陀其人也。"严既要请苦至，贤遂愍而许焉。于是舍众辞师，裹粮东逝。步骤三载，绵历寒暑，既度葱岭，路经六国。国主矜其远化，并倾怀资奉。

至交趾，乃附舶循海而行，经一岛下，贤以手指山曰："可止于此。"舶主曰："客行惜日，调风难遇，不可停也！"行二百余里，忽风转吹舶还向岛下，众人方悟其神，咸师事之，听其进止。后遇便风，同侣皆发，贤曰："不可动"，舶主乃止。既而有先发者，一时覆败。后于暗夜之中，忽令众舶俱发，无肯从者，贤自起收缆，唯一舶独发。俄尔贼至，留者悉被抄害。

顷之，至青州东莱郡，闻鸠摩罗什在长安，即往从之，什大欣悦，共论法相，振发玄微，多所悟益。因谓什曰："君所释不出人意，而致高名，何耶？"

什曰："吾年老故尔，何必能称美谈？"什每有疑义，必共谘决。秦太子泓，欲闻贤说法，乃要命群僧，集论东宫，罗什与贤数番往复。

什问曰："法云何空？"

答曰："众微成色，色无自性，故唯色常空。"

又问："既以极微破色空，复云何破一微？"

答曰："群师或破析一微，我意谓不尔。"

又问："微是常耶？"

答曰："以一微故众微空，以众微故一微空。"

时宝云译出此语，不解其意，道俗咸谓贤之所计微尘是常。余日长安学僧复请更释。贤曰："夫法不自生，缘会故生。缘一微故有众微，微无自性，则为空矣。宁可言不破一微，常而不空乎？"此是问答之大意也。

秦主姚兴专志佛法，供养三千余僧并往来宫阙，盛修人事，唯贤守静，不与众同。后语弟子云："我昨见本乡，有五舶俱发。"既而弟子传告外人。关中旧僧，咸以为显异惑众。

又，贤在长安，大弘禅业，四方乐静者，并闻风而至。但染学有浅深，所得有浓淡，浇伪之徒，因而诡滑。有一弟子因少观行，自言得阿那含果[③]，贤未即检问，遂致流言，大被谤黩，将有不测之祸。于是徒众，或藏名潜去，或逾墙夜走。半日之中，众散殆尽，贤乃怡然不以介意。时旧僧僧䂮、道恒等谓贤曰："佛尚不听说已所得法，先言五舶将至，虚而无实。又门徒诳惑，互起同异，既于律有违，理不同止，宜可时去，勿得停留。"贤曰："我身若流萍，去留甚易，但恨怀抱未伸，以为慨然耳。"于是与弟子慧观等四十余人俱发，神志从容，初无异色。识真之众，咸共叹惜，白黑送者千有余人。

姚兴闻去怅恨，乃谓道恒曰："佛贤沙门，协道来游，欲宣遗教，缄言未吐，良用深慨。岂可以一言之咎，令万夫无导。"因敕令追之。贤谓使曰："诚知恩旨，无预闻命。"于是率侣宵征，南指庐岳。

沙门释慧远，久服风名，闻至欣喜，倾盖若旧。远以贤之被摈，过由门人；若悬记五舶，止说在同意，亦于律无犯。乃遣弟子昙邕，致书姚主及关中众僧，解其摈事。远乃请出禅数诸经。

贤志在游化，居无求安，停山岁许，复西适江陵，遇外国舶主，既而讯访，果是天竺五舶，先所见者也。倾境士庶，竞来礼事，其有奉施，悉皆不受。持钵分卫，不问豪贱。时陈郡袁豹，为宋武帝太尉长史。宋武南讨刘毅，豹随府届于江陵。贤将弟子慧观诣豹乞食，豹素不敬信，待之甚薄，未饱辞退。豹曰："似未足，且复少留。"贤曰："檀越施心有限，故令所设已罄。"豹即呼左右益饭，饭果尽。豹大惭愧，既而问慧观曰："此沙门何如人？"观曰："德量高远，非凡所测。"豹深叹异，以启太尉，太尉请与相见，甚崇敬之，资供备至。

俄而太尉还都，请与俱归，安止道场寺。贤仪轨率素，不同华俗，而志韵清远，雅有渊致，京师法师僧弼，与沙门宝林书曰："道场禅师，甚有天心，便是天竺王，何风流人也。"其见称如此。

先是沙门支法领，于于阗[④]得《华严》前分三万六千偈，未有宣译。到义熙十四年，吴郡内史孟𫖮、右卫将军褚叔度，即请贤为译匠。乃手执梵文，共沙门法业、慧义、慧严等百有余人，于道场译出。诠定文旨，会通华梵，妙得经意。故道场寺犹有华严堂焉。

又沙门法显，于西域所得《僧祇律》梵本，复请贤译为晋文。语在显传。

其先后所出《观佛三昧海》六卷、《泥洹》及《修行方便论》等，凡一十五部，一百十有七卷，并究其幽旨，妙尽文意。贤以元嘉六年卒，春秋七十有一矣。

注释

①**迦维罗卫：**亦译作迦毗罗卫、迦维罗竭、迦夷卫国，释迦牟尼佛故乡，今尼泊尔南境。

②**那呵梨城：**又作那迦罗诃、那揭罗曷、那揭罗喝等，位于阿富汗东北境，今之夏拉勒阿巴德地区。

③**阿那含果：**意译为不还、不来，意谓已断尽欲界九品之欲，不再来欲界受生，是声闻四果中之第三果。

④**于阗：**古西域国名，位于今新疆和田一带。

译文

佛驮跋陀罗，中土称为觉贤，本姓释氏，迦维罗卫国人，甘露饭王之后裔。祖父达摩提婆，中土称为法天，曾在北印度一带经商、旅游，后来就在该地定居。其父达摩修耶利，中土称为法日。其父在他很小时就亡故了，觉贤三岁时就成为孤儿，与母亲相依为命。五岁时，其母又亡故，被收养于外婆家。堂伯鸠婆利见其聪敏，又同情他是一个孤儿，就把他接回去，剃度为沙弥。

到十七岁时，跟几个同学一起，以读诵为业。大家需要一个月时间才能读完，他一日就可以读完。其师很赞叹地说："觉贤一日赛过别人三十日。"后来受具足戒，修习精勤，博览群经，多所综达。不久就以禅律闻名。他常与同学僧伽达多，一起游罽宾，两人在一起约有一年时间。达多虽然佩服其聪明、才学，但对他并不是十分了解。

后有一次在密室中坐禅，忽然看见觉贤也进去了，十分惊奇，就问他从哪里来的？他说："刚才去兜率院致敬弥勒。"说完便隐身不见了。达多才知道他乃是圣人，但仍知之不详，后来见他屡有神变，遂诚心追问他，方知他已得不还果位。

常欲游方弘化，备观风俗。刚好遇到中土僧人智严，西行到了罽宾，看到当地佛法隆盛，学僧很多，乃向东叹道："我等僧侣，虽有学道之志，但遇不到精通佛法之明师、能匠，所以无从发悟。"即询问当地人，谁能到东土去弘传佛法？大家都说："有佛驮跋陀罗，出生在印度那呵梨城，其家族世代崇信佛法。佛驮跋陀罗自少就出家，现已通解经论。少时受业于大禅师佛大先。"

佛大先当时亦在罽宾，就对智严说："可以去东土振兴佛教、传授禅法者，佛驮跋陀罗其人也。"后来经智严苦苦请求，觉贤遂同意东来中土。于是辞别师父和众人，带足了干粮，前来中土。历经三载，尝尽寒暑之苦，跨越葱岭，途经六国。各国国王为其远行弘法行为所感动，都大力资助他。

到交趾后，乃乘船沿海而行，途中经过一个岛屿下面，觉贤以手指山道："可以停舶于此。"船主曰："旅途上时间极是宝贵，现在这样的调顺和风更是难遇，怎可停舶！"又继续前行了二百余里，忽然狂风大作，把船又吹回岛下，众人才佩服其神灵，全师事他，听从他的指挥。后来遇到便风，同行的船都出发了，觉贤说不可开船，船主才把船停下来。而那些先开出去的船，全都覆没了。后来，在一天夜里，他忽然叫大家把船开走，当时没有人肯走，觉贤只好收起缆绳，独自出发。

不久，海盗出现了，没走的人全被杀害了。

不久，到了青州东莱郡，听说鸠摩罗什在长安，即去长安从罗什受学，罗什极是高兴，与之共论佛法，探讨义理，多有裨益。觉贤对罗什说："你所翻译、阐释的佛典，与他人并没有什么太大的区别，何故致此高名？"

罗什曰："我只是年纪大了一些，哪里有什么高名？"罗什每有疑难问题，常与他一起商讨。姚秦太子姚泓，想听觉贤说法，就令群僧在东宫集会，罗什与觉贤往复论难。

罗什问觉贤："法因何是空？"

觉贤答道："色乃众微所成，故色是无自性的，所以色自身即是空的。"

又问："既以极微破色空，又如何破一微？"

答道："众人或破析一微，我以为不应当是这样。"

又问："微是常吗？"

答曰："以一微故，众微即是空；以众微故，一微即是空。"

当时宝云译出这句话，不解其意，道俗都认为觉贤所说之一微是常。过后不久，长安学僧又请觉贤进一步解释这句话。觉贤说："一切诸法都非自生，都是因缘而起的。缘一微所以有众微，微本身并无自性，此即是空。难道可以说有不破之一微，常而非空吗？"这是当时问答之大意。

秦王姚兴致力于弘扬佛法，供养三千多僧人。这些僧人往来于皇宫，常参与世俗之事，只有觉贤与众不同，潜心静修。有一天他对弟子说："吾昨日看见家乡有五只船一齐出发。"弟子把这话转告别人。关中之僧人，都以此话是显异惑众。

还有，觉贤在长安大弘禅业，四方喜乐静修者闻风而至。但学养有深有浅，道行有高有低，一些伪劣之徒，鱼目混珠。其中有一弟子因观行甚差，而又自言得阿那含果，觉贤未及检核、查询，遂致流言四起，遭到僧俗二界的猛烈抨击，即将大祸临头。于是徒众或者匿名隐潜，或者半夜越墙逃走。半日之间，徒众差不多全逃光了，觉贤还漠然处之，毫不介意。当时之僧䂮、道恒等都对觉贤说："佛陀尚且不曾听说已经得到什么果位，先前所说之五船俱发，又难以印证；你门下的有些徒众又诳言惑众，这些既于佛教戒律多有违背，于理也多不合，你当尽速离去，不宜再在此地逗留。"觉贤道："我身如浮萍，去留很容易，只是弘法心愿未了，甚是感慨。"于是与弟子慧观等四十余人，一齐出发，神色从容，毫无惊恐之表现。有识之士，都十分感叹，深为惋惜，僧俗二界送行者一千多人。

姚兴听说觉贤离去，亦甚是不悦，乃对道恒说：

"佛驮跋陀罗远道而来，为的是弘扬佛法，今缄言未吐，乃怅然而去，甚是令人深感痛惜、感慨。岂可以一言之过失，而使万人失去那么好的导师。"遂令人追赶他。觉贤对追上他的使者说："无量感谢秦主之洪恩盛意，但我实在很难从命，重返长安。"于是又连夜率领众人继续往南前往庐山。

沙门释慧远，久闻觉贤之风名，听说他来到庐山，十分高兴，两人一见如故。慧远以为觉贤之被摈除，过错在其徒众；至于所说五船俱发一事，也于律无犯。于是就派遣弟子昙邕，致书姚兴及关中众僧，希望解除摈弃他之处罚。并请觉贤在庐山翻译禅数诸经。

觉贤志在游化、弘法，不愿意安居久住，在庐山待了一年多，又往西去了江陵，正好遇到外国船主，待他进一步询问，果是印度五船，亦即他以前所言的五船俱发。是时，国中士众，竞相前来参礼、师事他，且有许多布施，他一概不受。自持钵乞食，不问贵贱贫富，一视同仁。当时陈郡袁豹，为宋武帝太尉长史。宋武帝南讨刘毅，豹跟随他来到江陵。觉贤带着弟子慧观等去到袁豹府上乞食，袁豹素来不信奉佛教，待之甚薄，觉贤没吃饱就告辞了。袁豹说："好像还没吃饱，请和尚再稍等一下。"觉贤道："施主布施之心有限，所以使所施舍之饭不够吃。"袁豹令人添饭，果然又被吃尽。豹大感惭愧，随后问慧观："此和尚是何许人？"慧观道："此僧德行高远，非凡夫俗子所可测量。"袁豹深为叹异，把此事报告太尉，太尉要求与他相见，一见面，十分崇敬他，资供甚足。

不久太尉回京都，请觉贤与他一起回去，安住于道场寺。觉贤仪轨整肃，不同华俗，而志韵清远，清雅而深沉，京师法师僧弼给沙门宝林的信说："道场寺禅师，很有天心，确是印度法王，何其风流之人也。"其见称如此。

起初是沙门支法领，于于阗得《华严》前分三万六千偈，尚未有宣译。到义熙十四年（公元四一八年），吴郡内史孟颉、右卫将军褚叔度，即请觉贤为译匠。觉贤乃手持梵本，与沙门法业、慧义、慧严等百余人，于道场寺译出该经。诠定文旨，会通梵汉，深得经意。故道场寺设有华严堂。

还有，沙门法显于西域所得《僧祇律》梵本，又请觉贤译为汉文。此事于法显传有记载。

觉贤先后所译出的经典有：《观佛三昧海》六卷、《泥洹》及《修行方便论》等，共一十五部，一百十七卷，并深究其义理，妙尽文意。后于元嘉六年（公元四二九年）卒，世寿七十一。

晋河西昙无谶

原典

昙无谶，或云昙摩谶，或云昙无谶，盖取梵音不同也。其本中天竺人，六岁遭父忧[①]，随母佣织㲪㲪为业。见沙门达摩耶舍，此云法明，道俗所崇，丰于利养，其母羡之，故以谶为其弟子。

十岁，同学数人读咒，聪敏出群，诵经日得万余言。初学小乘，兼览五明诸论，讲说精辩，莫能酬抗。后遇白头禅师，共谶论议，习业既毕，交诤十旬。谶虽攻难锋起，而禅师终不肯屈，谶服其精理，乃谓禅师曰："颇有经典，可得见不？"禅师即授以树皮《涅槃经》本。谶寻读惊悟，方自惭恨，以为坎井之识，久迷大方。于是集众悔过，遂专业大乘。

至年二十，诵大小乘经二百余万言。谶从兄善能调象骑，杀王所乘白耳大象，王怒诛之，令曰："敢有视者，夷三族。"亲属莫敢往者。谶哭而葬之。王怒，欲诛谶，谶曰："王以法故杀之，我以亲而葬之，并不违大义，何为见怒？"傍人为之寒心，其神色自若，王奇其志气，遂留供养之。

谶明解咒术，所向皆验，西域号为大咒师。后随王入山，王渴须水，不能得，谶乃密咒石出水，因赞曰：“大王惠泽所感，遂使枯石生泉。”邻国闻者皆叹王德。于时雨泽甚调，百姓称咏。王悦其道术，深加优宠。

顷之，王意稍歇，待之渐薄，谶以久处致厌，乃辞往罽宾，赍《大涅槃》前分十卷，并《菩萨戒经》《菩萨戒本》等。彼国多学小乘，不信涅槃。乃东适龟兹，顷之，复进到姑臧[②]，止于传舍。虑失经本，枕之而寝。有人牵之在地，谶惊觉，谓是盗者，如此三夕，闻空中语曰：“此如来解脱之藏，何以枕之？”谶乃惭悟，别置高处。夜有盗之者，数过提举，竟不能动。明旦谶持经去，不以为重，盗者见之，谓是圣人，悉来拜谢。

时河西王沮渠蒙逊，僭据凉土，自称为王，闻谶名，呼与相见，接待甚厚。蒙逊素奉大法，志在弘通，欲请出经本。谶以未参土言，又无传译，恐言舛于理，不许即翻。于是学语三年，方译写初分十卷。

时沙门惠嵩、道朗，独步河西，值其宣出经藏，深相推重，转易梵文，嵩公笔受。道俗数百人，疑难纵横，谶临机释滞，清辩若流，兼富于文藻，辞制华密。嵩、朗等更请广出诸经，次译《大集》《大云》《悲华》《地持》《优婆塞戒》《金光明》《海龙王》《菩萨戒本》等，六十余万言。谶以《涅槃经》本，品数未足，还外国究寻，值其母亡，遂留岁余。后于于阗，更得经本中分，复还姑臧译之。后又遣使于阗，寻得后分，于是续译为三十三卷。以伪玄始三年，初就翻译，至玄始十年十月二十三日，三帙方竟，即宋武永初二年也。谶云："此经梵本三万五千偈，于此方减百万言，今所出者止一万余偈。"

谶尝告蒙逊云："有鬼入聚落，必多灾疫。"逊不信，欲躬见为验。谶即以术加逊，逊见而骇怖。谶曰："宜洁诚斋戒，神咒驱之。"乃读咒三日，谓逊曰："鬼已去矣。"时境首有见鬼者，云："见数百疫鬼奔骤而逝。"境内获安，谶之力也。逊益加敬事。

至逊伪承玄二年，蒙逊济河伐乞伏③暮末于枹罕，以世子兴国为前驱，为末军所败，兴国擒焉。后乞伏失守，暮末与兴国俱获于赫连勃勃，后为吐谷浑所破，兴国遂为乱兵所杀。逊大怒，谓事佛无应，即欲遣斥沙门，五十已下皆令罢道。蒙逊先为母造丈六石像，像遂泣涕流泪，谶又格言致谏，逊乃改心而悔焉。

时魏虏拓跋焘，闻谶有道术，遣使迎请，且告逊曰："若不遣谶，便即加兵。"逊既事谶日久，未忍听去。后又遣伪太常高平公李顺，策拜蒙逊为使持节侍中，都督凉州西域诸军事、太傅骠骑大将军、凉州牧凉王，加九锡之礼。又命逊曰："闻彼有昙摩谶法师，博通多识，罗什之流；秘咒神验，澄公之匹。朕思欲讲道，可驰驿送之。”

逊与李顺讌于新乐门上，逊谓顺曰：“西蕃老臣蒙逊，奉事朝廷，不敢违失，而天子信纳佞言，苟见蹙迫。前遣表求留昙无谶，而今使来征索。此是门师，当与之俱死，实不惜残年，人生一死，讵觉几时！”

顺曰：“王款诚先著，遣爱子入侍，朝廷钦王忠绩，故显嘉殊礼。而王以一胡道人，亏山岳之功；不忍一朝之忿，损由来之美。岂朝廷相待之厚？窃为大王不取。主上虚襟之至，弘文所知。”弘文者，逊所遣聘魏之使也。

逊曰：“太常口美如苏秦，恐情不副辞耳！”逊既吝谶不遣，又迫魏之强，至逊义和三年三月，谶因请西行，更寻《涅槃》后分。逊忿其欲去，乃密图害谶，伪以资粮发遣，厚赠宝货。

临发之日，谶乃流涕告众曰：“谶业对将至，众圣不能救矣。以本有心誓，义不容停。”比发，逊果遣刺客于路害之，春秋四十九，是岁宋元嘉十年也。黑白远近，咸共嗟焉。既而逊左右，常白日见鬼神，以剑击逊。至四月，逊寝疾而亡。

初谶在姑臧，有张掖沙门道进，欲从谶受菩萨戒。谶云：“且悔过。”乃竭诚七日七夜，至第八日，诣谶求受，谶忽大怒。进更思惟：但是我业障未消耳。乃戮力三年，且禅且定。即于定中，见释迦文佛与诸大士授己戒法。其夕同止十余人，皆感梦如进所见。进欲诣谶说之，未至数十步，谶惊起，唱言：“善哉！善哉！已感戒矣，吾当更为汝作证。”次第于佛像前为说戒相。时沙门道朗，振誉关西，当进感戒之夕，朗亦通梦。乃自卑戒腊，求为法弟，于是从进受者千有余人。传授此法，迄至于今，皆谶之余则。

有《别记》云：“《菩萨地持经》，应是伊波勒菩萨传来此土。”后果是谶所传译，疑谶或非凡也。

蒙逊有从弟沮渠安阳侯者，为人强志疏通，涉猎书记。因谶入河西，弘阐佛法，安阳乃锐意内典，奉持五禁，所读众经，即能讽诵，常以为务学多闻，大士之盛业。少时，尝度流沙，至于阗国，于瞿摩帝大寺，遇天竺法师佛驮斯那，谘问道义。斯那本学大乘，天才秀发，诵半亿偈，明了禅法，故西方诸国，号为人中师子。安阳从受《禅秘要治病经》。因其梵本，口诵通利。既而东归，于高昌得《观世音》《弥勒》二观经各一卷，及还河西，即译出《禅要》，转为晋文。

及伪魏吞并西凉，乃南奔于宋，晦志卑身，不交世务，常游止塔寺，以居士自卑。初出《弥勒》《观音》二观经，丹阳尹孟觊，见而善之，深加赏接。后竹园寺慧浚尼，复请出禅经。安阳既通习积久，临笔无滞，旬有七日，出为五卷。顷之，又于钟山定林寺，译出《佛母般泥洹经》一卷。安阳居绝妻孥，无欲荣利，从容法侣，宣通正法，是以黑白咸敬而嘉焉。后遘疾而终。

谶所出诸经，至元嘉中方传建业。道场慧观法师，志欲重寻《涅槃》后分，乃启宋太祖资给，遣沙门道普，将书吏十人，西行寻经。至长广郡，舶破伤足，因疾而卒。道普临终，叹曰："《涅槃》后分，与宋地无缘矣。"

普本高昌④人，经游西域，遍历诸国，供养尊影，顶戴佛钵，四塔道树，足迹形像，无不瞻觌。善能梵书，备诸国语，游履异域，别有大传。

注释

①**忧：**忧字有多解，或指忧愁，或指因劳成疾，或指父母之丧，此指父丧。

②**姑臧：**古县名，地处河西走廊要冲，位于今甘肃武威县，十六国时之前凉、后凉、南凉、北凉均以此地为都。

③**乞伏：**鲜卑族的一支，东晋太原十年（公元三八五年）首领乞伏国仁据枹罕自立，国号西秦。

④**高昌：**古地名，位于今新疆吐鲁番东南之哈拉和

卓地区，汉时称四师前国，晋时称高昌郡，曾一度独立为高昌国，后为唐太宗征服，称西州。

译文

昙无谶，或称昙摩谶，或称昙无谶，都是由于所取梵音不同所致。本中印度人，六岁时其父即亡故，随母亲编织毛席度日。遇沙门达摩耶舍，中土称为法明，为僧俗二界所尊崇，利养甚丰，其母甚仰羡之，所以把昙无谶送给他当弟子。

十岁时，昙无谶与几个同学一起读诵咒语，聪敏出众，一日读诵经典一万多言。起初学习小乘，兼学五明诸论，讲说精辩，很少有人能与他相抗衡。后遇到白头禅师，与他一起谈论佛法，因所修行的方法不同，就交相论辩百日。昙无谶虽然屡屡诘难，而终难不倒禅师，昙无谶佩服禅师于义理之精深，就对禅师说："你处还有许多经典，可以让我一读吗？"禅师即授予树皮《涅槃经》，昙无谶读后，自感惭愧，方知以前乃井蛙之见，不识大方广的思想。于是集众悔过，专攻大乘。

到二十岁时，读诵大小乘经二百余万字。谶之从兄善于训养大象，因把国王所乘之白耳大象杀死了，国王发怒杀掉了他，并下令说："如有谁敢去探视尸首，则灭三族。”所有的亲属都不敢去探视。昙无谶哭而葬之。国王大怒，准备杀掉昙无谶，昙无谶曰：“大王你以法杀死他，我因是他的亲人所以埋葬他，这并不违背大义啊，大王你为何发怒呢？”大家都替他担心，但他神色自若，国王慕其志气，就留下他并供养他。

昙无谶善咒术，屡有应验，在西域被称为大咒师。有一次随王入山，王渴想饮水，但当时四处都无水，谶乃默念咒语真言，使石头出水，并赞颂道：“大王惠泽所感，遂使枯石生泉。”此事传遍周边各国，都赞叹该王之德行。那一个时期，国内风调雨顺，百姓全都称颂。国王很赞赏其道术，深加优宠。

不久，国王对他不那么热情了，待之亦较以往为薄，谶以为自己与国王相处太久了，因而致其生厌，乃辞往罽宾国，并带去了《大涅槃经》前分十卷，及《菩萨戒经》《菩萨戒本》等。当时罽宾国多学小乘，不信涅槃。他就往东去了龟兹，不久又前往姑臧，住于客栈。因担心经典丢失，就把它作为枕头。有人把它移至地上，他顿时惊觉，以为有贼，如此三个晚上，只听见空中有声音对他说：“这乃是如来解脱之经，怎能把它当枕头呢？”昙无谶才大感惭愧，把经另放于高处。夜里有贼，欲偷此经典，连拿几次，都搬不动。第二天早晨，昙无谶取经，并不觉得重，盗贼见到这一情景，以为昙无谶是圣人，都来向他致拜。

当时河西王沮渠蒙逊占据北凉，自称为王，听到昙无谶的声名后，迎他入姑臧，待之甚厚。沮渠蒙逊信奉佛教，志在弘通佛法，欲请昙无谶翻译佛典。昙无谶因自己不懂汉语，担心义理有所违背，没同意立即翻译。遂学汉语三年，才译出《涅槃》前分十卷。

当时沙门惠嵩、道朗，独步河西，当昙无谶译出经典后，极表推崇，进而把它翻译为汉文，惠嵩担任笔受，僧俗二界数百人，反复诘难，昙无谶临机阐释，清辩若流，并且十分富有文采，文辞华丽、严谨。惠嵩、道朗又请他译出诸经，再译《大集》《大云》《悲华》《地持》《优婆塞戒》《金光明》《海龙王》《菩萨戒本》等六十余万言。谶以《涅槃经》本，品数未足，又到外国寻找，适值其母亡故，就留在家中服丧。服丧毕，又于于阗寻得《涅槃经》中分，把它带回了姑臧译出。后又遣使于于阗寻得《涅槃经》后分，于是续译为三十三卷。于后凉玄始三年（公元四一四年）开始翻译，至玄始十年（公元四二一年）十月二十三日，三部分才全部译完，是年亦即宋武永初二年。昙无谶曰："此经梵本三万五千偈，于此地减百万言，今所译出者，只有一万余偈。"

昙无谶曾经告诉沮渠蒙逊曰："有鬼入村落，必有灾疫。”蒙逊不信，以亲自看见为验证。昙无谶即加以咒术，使蒙真见到鬼，极感恐惧。昙无谶曰：“应该诚心斋戒，用神咒驱逐之。”乃诵咒三日，然后对蒙逊曰：“鬼已离去。”当时境内有亲见鬼者说：“见到数百疫鬼，竞相奔走而去。”自此之后，境内始得安宁，此乃谶之力也。蒙逊更加敬重他。

到承玄二年（公元四二九年），蒙逊率军渡河计伐乞伏暮末于枹罕，以太子兴国为前驱，结果为末军所败，兴国被擒。后乞伏失守，暮末与兴国一起为赫连勃勃所俘，后被吐谷浑所破，兴国则为乱军所杀。蒙逊大怒，言自己事佛无好报应，即下令沙汰沙门，五十岁以下的和尚，都命令他们还俗。蒙逊原先为其母造一丈六石像，其时石像泪涕俱下，加上昙无谶极力谏劝，蒙逊才改心悔过。

当时，北魏拓跋焘听说昙无谶有道术，则遣使迎请，并告诉蒙逊：“若不让昙无谶去北魏，就派兵攻北凉。”昙无谶在蒙逊处时间已久，不忍让他离开。后又派太常高平公李顺，封蒙逊为使持节侍中，都督凉州、西域诸军事、凉州牧凉王，加九锡之礼。又命蒙逊曰：“听说你处有昙无谶法师，博学多才，如鸠摩罗什；秘咒神验，如佛图澄。朕欲弘扬佛法，可把昙无谶速速送来。”

蒙逊与李顺设宴于新乐门，蒙逊对李顺说：“西蕃老臣蒙逊，奉事朝廷，不敢有所违失，而天子轻信佞言，使我处境甚是艰难。前次致书求送昙无谶，而今又求催逼。昙无谶是我之师父，我准备与之死在一块，并不婉惜残年。人生一死，还有什么呢！”

李顺说：“你对朝廷之忠诚，乃路人皆知，先前遣爱子入朝，朝廷甚是钦敬你之忠诚、功绩，故特殊礼嘉奖。今日你若因一西域僧人，使以前功绩尽弃；不忍一时之愤恨，而损害了以往之美誉。这如何对得起朝廷之信任与厚待呢？私下以为你这么做不可取，现今皇上襟怀之开阔，乃弘文所知道的。”弘文者，即是蒙逊派遣去北魏的使者。

蒙逊曰：“太常口若苏秦，怕是心口不一吧！”蒙逊既舍不得把昙无谶送去北魏，又慑于北魏之强催逼，到蒙逊义和三年（公元四三三年）三月，昙无谶请求西行再寻找《涅槃》后分。蒙逊误以为他欲离开自己而去，乃密谋害他，但表面上替他准备了许多干粮、珠宝。

临行之日，昙无谶乃流泪告诉众人：“我业报将到，众圣所不能救。以本有之志愿，义不容停。”等他出发之后，蒙逊即派刺客于路上杀害他，世寿四十九，是年即宋元嘉十年（公元四三三年）。僧俗二界，全都嗟叹。后来，蒙逊左右常白天出现鬼神，以剑刺杀蒙逊。到四月，蒙逊染疾而亡。

起初，昙无谶在姑臧时，有张掖沙门道进，欲从昙无谶受戒。到昙无谶处所求他授戒，昙无谶要他至心忏悔。道进于是七天七夜竭诚悔过，到了第八天请求昙无谶受戒，昙无谶忽然发怒。道进自己就想：也许我的业障未消，故法师动怒。就刻苦三年，既禅且定。后即于定中，见释迦牟尼佛与诸菩萨为他授戒。那天晚上，同住的十多人，都在梦中看到道进所说的情形。道进准备去昙无谶处，把此情况告诉昙无谶，未走几步，昙无谶忽然惊起，唱道："善哉！善哉！已感戒矣，我当为你作证。"就于佛像前为道进说戒相。当时沙门道朗，振誉关西，在道进感戒那天晚上，也做同样的梦。乃自卑戒腊，求做道进之法弟。于是，从道进受戒者达一千多人。至今还传授此戒，这都是昙无谶遗留下来的规矩。

有《别记》称："《菩萨地持经》，应是伊波勒菩萨传来此土。"后来果然是昙无谶所传译，众人都以为昙无谶乃非凡之辈。

蒙逊有堂弟沮渠安阳侯，为人强毅开朗，各种典籍，多所涉猎。因昙无谶到河西弘扬佛法，安阳侯乃锐意佛典，奉持五戒，所读经典，很快就能背诵，常以为好学多闻，乃是多闻菩萨之盛业。年轻时，曾度越流沙，到于阗国去，在瞿摩帝大寺，遇到印度僧人佛驮斯那，向他请教佛法义理。斯那本来修习大乘，天才秀发，诵偈达半亿之多，对禅法尤为精通，所以当时印度诸国，都称他为人中狮子。安阳侯从他学《禅秘要治病经》。因是梵本，读来朗朗上口。回国途中，于高昌得《观世音》《弥勒》二观经各一卷，回到河西后，即把《禅要》译为汉语。

在北魏吞并了西凉后，则南奔到刘宋，潜心隐遁，不涉世务，常游各地寺塔，以居士自卑。先译出《弥勒》《观音》二观经，丹阳尹孟觊，看到译本后，大加赞赏。后来，竹园寺比丘尼慧浚，又请他译出《禅要》。安阳侯既久已通习，故下笔如神，十多天时间，译出五卷。不久，又于钟山定林寺译出《佛母般泥洹经》一卷。安阳侯无有妻室子女，淡泊名利，以法为侣，宣扬佛教，所以僧俗二界，都很崇敬他。后来患疾而终。

昙无谶所译众经，至元嘉年间才传到建业。道场寺慧观法师，立志重寻《涅槃经》后分，乃请求宋太祖资助，派遣沙门道普，带领书吏十人，西行寻经。到长广郡，船破伤足，因感染得疾而亡。道普临终叹道："《涅槃经》后分，与汉地无缘矣。"

道普本高昌人，游历过西域诸国，供养佛像，头顶佛钵，四方寺塔，无不瞻仰。善梵文，懂多国语言，游历西域的事迹，另有传记。

宋江陵辛寺释法显

原典

释法显，姓龚，平阳武阳[①]人。有三兄，并龆龀[②]而亡。其父恐祸及显，三岁便度为沙弥。居家数年，病笃欲死，因送还寺，住信宿便差，不肯复归。其母欲见之不得，为立小屋于门外，以拟去来。

十岁遭父忧，叔父以其母寡独不立，逼使还俗。显曰："本不以有父而出家也，正欲远尘离俗，故入道耳。"叔父善其言，乃止。顷之，母丧，至性过人，葬事毕仍即还寺。尝与同学数十人，于田中刈稻，时有饥贼欲夺其谷，诸沙弥悉奔走，唯显独留，语贼曰："若欲须谷，随意所取。但君等昔不布施，故致饥贫，今复夺人，恐来世弥甚，贫道预为君忧耳。"言讫即还。贼弃谷而去，众僧数百人，莫不叹服。

及受大戒，志行明敏，仪轨整肃，常慨经律舛阙，誓志寻求。以晋隆安三年，与同学慧景、道整、慧应、慧嵬等，发自长安，西渡流沙，上无飞鸟，下无走兽，四顾茫茫，莫测所之，唯视日以准东西，人骨以标行路耳。屡有热风恶鬼，遇之必死。显任缘委命，直过险难。

有顷，至于葱岭，冬夏积雪，有恶龙吐毒，风雨沙砾，山路艰危，壁立千仞。昔有凿石通路，傍施梯道，凡度七百余所。又蹑悬絙[③]过河，数十余处，皆汉之张骞、甘英，所不至也。

次度小雪山，遇寒风暴起，慧景噤战不能前，语显曰："吾其死矣，卿可前去，勿得俱殒。"言绝而卒。显抚之泣曰："本图不果，命也奈何！"复自力孤行，遂过山险，凡所经历，三十余国。

将至天竺，去王舍城三十余里，有一寺，逼冥过之。显欲诣耆阇崛山[④]，寺僧谏曰："路甚艰嶮阻，且多黑师子，亟经啖人，何由可至。"

显曰："远涉数万，誓到灵鹫。身命不期，出息非保，岂可使积年之诚，既至而废耶！虽有险难，吾不惧也。"

众莫能止，乃遣两僧送之。显既至山，日将曛夕，遂欲停宿，两僧危惧，舍之而还。显独留山中，烧香礼拜，翘感旧迹，如睹圣仪。至夜，有三黑师子，来蹲显前，舐唇摇尾，显诵经不辍，一心念佛。师子乃低头下尾，伏显足前，显以手摩之，咒曰："若欲相害，待我诵竟，若见试者，可便退矣。"师子良久乃去。

明晨还反，路穷幽梗，止有一径通行。未至里余，忽逢一道人，年可九十，容服粗素，而神气俊远。显虽觉其韵高，而不悟是神人。后又逢一少僧，显问曰："向耆年是谁耶？"答云："头陀迦叶大弟子也！"显方大惋恨，更追至山所，有横石塞于室口，遂不得入，显流涕而去。

进至迦施国，国有白耳龙，每与众僧约，令国内丰熟，皆有信效。沙门为起龙舍，并设福食。每至夏坐讫，龙辄化作一小蛇，两耳悉白，众咸识是龙，以铜盂盛酪，置龙于中，从上座至下行之遍，乃化去。年辄一出，显亦亲见。

后至中天竺，于摩竭提波连弗邑，阿育王塔南天王寺，得《摩诃僧祇律》，又得《萨婆多律抄》《杂阿毗昙心》《线经》⑤《方等泥洹经》等。

显留三年，学梵语梵书，方躬自书写，于是持经像，寄附商客，到师子国。显同旅十余，或留或亡，顾影唯己，常怀悲慨。

忽于玉像前，见商人以晋地一白团扇供养，不觉凄然下泪。停二年，复得《弥沙塞律》，《长》《杂》二含及《杂藏》，并汉土所无。

既而附商人大舶，循海而还。舶有二百许人，值暴风水，众皆惶懅，即取杂物弃之。显恐弃其经像，唯一心念观世音及归命汉土众僧。舶任风而去，得无伤坏。经十余日，达耶婆提国⑥。

停五月，复随他商，东适广州。举帆二十余日，夜忽大风，合舶震惧，众咸皆议曰：“坐载此沙门，使我等狼狈，不可以一人故，令一众俱亡。”共欲推之，法显檀越厉声呵商人曰：“汝若下此沙门，亦应下我，不尔便当见杀，汉地帝王，奉佛敬僧，我至彼告王，必当罪汝。”商人相视失色，僶俯而止。

既水尽粮竭，唯任风随流。忽至岸，见藜藿菜依然，知是汉地，但未测何方，即乘船入浦寻村。见猎者二人，显问：“此是何地耶？”猎者曰：“此是青州长广郡牢山南岸。”猎者还，以告太守李嶷。嶷素敬信，忽闻沙门远至，躬自迎劳。显持经像随还。

顷之，欲南归，青州刺史请留过冬，显曰：“贫道投身于不反之地，志在弘通，所期未果，不得久停。”遂南造京师，就外国禅师佛驮跋陀，于道场寺，译出《摩诃僧祇律》《方等泥洹经》《杂阿毗昙心论》，垂有百余万言。显既出《大泥洹经》，流布教化，咸使见闻。

有一家失其姓名，居近朱雀门，世奉正化，自写一部，读诵供养，无别经室，与杂书共屋。后风火忽起，延及其家，资物皆尽，唯《泥洹经》俨然具存，煨烬不侵，卷色无改。京师共传，咸叹神妙。

其余经律未译，后至荆州，卒于辛寺，春秋八十有六。众咸恸惜。其游履诸国，别有大传焉。

注释

①**平阳武阳**：今山西襄垣县。

②**齠齔**：儿童换齿之时，指童年。《陶渊明集》卷七《祭从弟敬达文》："相及齠齔，并罹偏咎。"

③**絙**：绞绳之工具。

④**耆阇崛山**：又作祇阇崛山、耆阇多山、崛山，意译作灵鹫山。位于中印度摩揭陀国首都王舍城东北侧，为著名的佛陀说法之地。

⑤**《线经》**：《大正藏》本作"綖经"，《出三藏记集》卷二："《綖经》，梵文，未译出。"

⑥**耶婆提国**：即爪哇。

译文

释法显，姓龚，平阳武阳（今山西襄垣）人。本有三兄，都童年夭折。其父恐祸及法显，三岁时便把他剃度为沙弥，但仍住在俗家。过了几年，得了一场大病，差点死去，所以又把法显送回寺院。到寺院第三天后，病就痊愈了，从此法显再也不肯回家居住了。其母难得看到他，就在寺旁建造了一个小房子，以便去探视他。

十岁时，其父去世，叔父以其母寡难以独立，逼法显还俗。法显曰："本来我就不是因为有父才出家，而是为了远离尘俗才入道修行的。"其叔父认为他说得有道理，乃作罢。过了不久，其母又去世，法显料理好丧事后，又回到寺里。曾与同学数十人到田中刈稻，当时有饥饿之盗贼欲夺其稻谷，众沙弥都恐惧而逃，只有法显自己留在田里，对贼说："如果你们需要谷子充饥，请随意拿取。但你们过去不行布施，故导致今生饥贫，现在又要抢劫他人的东西，只怕你们来世更惨，我真为你们惭愧、担忧。"说罢就坦然自在地回到寺里。众盗贼听了法显一番话后，不敢把稻谷拿走就逃离了，众僧数百人，无不赞叹佩服法显。

法显受大戒之后，志行明敏，仪轨整肃。经常慨叹经律残缺，就立誓西行寻求。遂于晋隆安三年（公元三九九年），与同学慧景、道整、慧应、慧嵬等人，从长安出发。他们西度流沙，一路之上，上无飞鸟，下无走兽，四顾茫茫，分不清东西南北，只好以太阳辨别方向，以尸骨为路标。在他们所走的路上，常有恶鬼热风，一旦遇上，必死无疑。法显舍命求法，闯过了重重险关。

不久走到葱岭，此岭不论冬天夏日大雪都不融化，还有恶龙吐毒风，飞沙走石，且道路极是难走，陡壁如刀削，过去曾有凿石通路，旁边设有梯道，这样的险路，爬越了七百多处。另有些地方，必须借助于绳索攀缘，才能渡过河，这又有数十处。这些都是连汉代之张骞、甘英等人所不曾涉足之地。

之后，又南度小雪山，当走到这里时，忽然刮起寒风，冷得慧景浑身噤战不已，无法再继续走，就对法显说："我不行了，你们可赶快往前走，不要都葬身此地。"说罢就断气了。法显抚尸痛哭："原本的计划看来无法完成了，这都是命运啊，真是令人无可奈何！"慧景死后，法显又继续往前走，所跨越山险，所经之地，达三十多国。

到了离摩揭陀国王舍城三十里处，有一寺院，颇是冷僻幽险。当时法显欲前去瞻仰灵鹫山，有一位寺僧劝他说："路上甚是艰险，而且山中有许多黑狮子，经常出来吃人，你这样去太危险了。"

法显道："我远途跋涉数万里，历尽千辛万苦，立誓到灵鹫山瞻仰圣迹。人之生命无常，有时常在呼吸之间，岂可以使多年宿愿，眼看就要实现了，却半途而废呢！路上虽然艰险，但我丝毫也不惧怕。"

众僧眼看无法劝住他，就派了两个僧人送他入山。到了山上，已是黄昏了，法显就想在山上住宿。两个送他去的僧人心中恐惧，便先行离去，法显一个人留在山中。随后，法显就烧香礼拜，遥感圣迹，有如亲眼看见当年正在说法之佛陀，感慨万千。到了夜里，果然来了三只黑狮子，它们蹲在法显的跟前，舐唇摇尾，法显不停地诵经，一心念佛，狮子乃低头缩尾，温顺地伏在法显的双足之前，法显用手抚摸它，并暗暗念道：“如果想来吃我，请让我把经诵完；如果是来考验我，就回去吧。”狮子停留了一些时间，就慢慢地离开了。

第二天清晨，法显离山返寺，路极是难走，只有一条小径可以通行。走了一里多路，忽然遇到一位道人，年纪大概九十左右，衣服粗素而神采奕奕，法显虽然觉得其道行高远，但不知道他乃是神人。后来又碰到一个少年僧人，法显就问那个少年僧人：“刚才那位出家老翁是谁？”那少年答道：“那是头陀迦叶大弟子啊！”法显听后，极是惋惜错失了良机，赶快回头去追，追至一山洞时，只见横石塞住洞口，无法进入，法显泪流满面，只好惋叹而去。

后来法显又到了迦施国，国中有白耳龙，常与众僧立约，共同护佑国家富足，人民安乐，皆有应验。众比丘为之起龙舍，并设置福食。每当坐夏结束，龙则化作一小蛇，两耳都呈白色，大家都知道那即是龙，以铜盂盛酪，将龙置于其中，自上座至底下的僧人全做过后，龙即化去。每年出现一次，这是法显亲眼所见的。

后来法显等又到了中印度，于摩揭提波连弗邑阿育王塔之南的天王寺，得到《摩诃僧祇律》，又得《萨婆多律抄》《杂阿毗昙心》《线经》《方等泥洹经》等。

法显留住三年，学梵语梵书，才亲自抄写，后来持经像，与客商一起，到狮子国（锡兰）。法显回忆当年与自己一块西行求法的有十多人，眼下有的留止西域，有的则客死他乡，如今只剩下他一个，形单影只，不胜感伤。

有一天忽然于白玉佛像前见到一商人用中土带来的一支白绢扇子供养，睹物生情，更引发起法显思念家乡之心绪，不觉凄然落泪。他又在那里逗留了二年，得到《弥沙塞律》《长阿含》《杂阿含》及《杂藏经》，这些都是汉地所没有的。

过了一段时间，正好有商船要到东土来，法显就搭乘该船回国，船上有二百多人。有一天，忽然狂风大作，船上的人都十分惊恐，就纷纷把杂物扔到海内。法显担心把他所带来的经典也会被扔进海内，就一心称念观世音菩萨及归命汉地众僧，祈求加被。后来，船顺风飘去，没被撞坏。经过十多天海上颠簸，到了耶婆提国（爪哇）。

在那里待了五个月，又搭乘一艘开往广州的商船。船开出二十多天后，有一天夜里，忽然又刮起大风，全船的人都十分惊慌，大家都议论说："这条船搭乘此比丘，所以才使我们遭殃，不能因一个比丘，使一船的人全遭覆没。”大家正准备把法显推下海去，法显的施主大声呵斥商人曰：“如果把这个比丘推下海去，请把我也推下去，要不然，你们都要遭到惩罚的，汉地帝王信奉佛教，我到汉地后就要把这情况报告国王，国王必定要惩罚你们。”众商人一听，踌躇不敢下手，法显方才逃过一劫。

大船在海上航行了数十天，船上已是粮尽水竭，只好随风飘流。有一天，忽然飘到岸边。众人一上岸，看见藜藿菜等，知道已经到了汉地，但不知道究竟在何处，就乘小船入港寻找村民探听。正好遇见二个猎人，法显问他：“这是什么地界？”那猎人说：“这是青州长广郡牢山（山东青岛崂山）南岸。”猎人回去后，把此事报告了当地太守李嶷。李嶷素来信奉佛教，听说有比丘从远地而来，亲自去迎接。法显带着佛教经像，随太守到了青州。

不久，欲南下京都，青州刺史请他留下过冬，法显道：“贫僧所以不惜九死一生，西行求法，就是为了佛教的弘通，现在目的尚未达到，不可久留于此。”于是就南下到了当时的京都建康（今南京），于道场寺与佛驮跋陀罗一起译出《摩诃僧祇律》《方等泥洹经》《杂阿毗昙心论》，共有百余万言。法显既译出《大泥洹经》，流布甚广，当时佛教界僧侣多能读到此经。

据说，当时有一位后已不知其姓氏之人，住在朱雀门附近，其家世代尊奉佛教，自写了一部《大泥洹经》，读诵供养，因为家中别无经室，就把此经与其他书籍放在一起。后来其邻居家忽然失火，殃及他家，把他家中之东西全都烧光了，只有那《大泥洹经》完好无损，连颜色都没有什么异样。此事在当时京都传为美谈，大家都叹为稀有。

其余的经律未及翻译，法显又转往荆州（今湖北省江陵县），卒于辛寺，世寿八十六。万众悲恸痛惜。他游历西域诸国之事迹，《佛国记》中有详细记述。

宋京师道林寺畺良耶舍

原典

畺良耶舍，此云时称，西域人，性刚直，寡嗜欲，善诵阿毗昙，博涉律部，其余诸经，多所该综。虽三藏兼明，而以禅门专业，每一禅观，或七日不起。常以三昧正受，传化诸国。

以元嘉之初，远冒沙河，萃于京邑。太祖文皇深加叹异。

初止钟山道林精舍，沙门宝志崇其禅法，沙门僧含，请译《药王药上观》及《无量寿观》，含即笔受。以此二经，是转障之秘术，净土之洪因，故沉吟嗟味，流通宋国。

平昌孟顗，承风钦敬，资给丰厚。顗出守会稽，固请不去。后移憩江陵。

元嘉十九年，西游岷蜀，处处弘道，禅学成群。后还卒于江陵，春秋六十矣。

译文

畺良耶舍，中土称为时称，西域人，性格刚直，少嗜寡欲，善诵阿毗昙，博览律藏，其余诸经，亦多所宗达。虽然经、律、论三藏都很精通，但于禅学造诣更深，每次打坐，常一坐就是七日。经常以禅法传化各国。

于元嘉初年，渡过沙河，不远万里，来到京都。宋太祖文皇深为赞叹。

起初住在钟山道林寺，宝志和尚尊崇其禅法，比丘僧含请他翻译《观药王、药上二菩萨经》《观无量寿经》，僧含担任笔受，认为此二经乃是破除迷障之秘术，往生净土之洪因，所以反复沉吟、嗟味，并使之流通宋国。

平昌孟颛，对他很是钦敬，资给十分丰厚。孟颛去会稽上任时，欲请他一同前往，他再三婉谢。后来移居江陵。

于元嘉十九年（公元四四二年）西游四川，他所到之处，都大弘佛法，跟他学习禅法者，不计其数。后来又回到江陵，并卒于江陵，世寿六十。

宋京师中兴寺求那跋陀罗

原典

求那跋陀罗，此云功德贤，中天竺人。以大乘学，故世号摩诃衍。本婆罗门种，幼学五明诸论，天文、书算、医方、咒术，靡不该博。后遇见《阿毗昙杂心》，寻读惊悟，乃深崇佛法焉。其家世外道，禁绝沙门，乃舍家潜遁，远求师范，即投簪落鬟，专精志学。及受具戒，博通三藏。为人慈和恭恪，事师尽礼。

顷之，辞小乘师，进学大乘。大乘师试令探取经匣，即得《大品》《华严》。师嘉而叹曰："汝于大乘有重缘矣！"于是读诵讲宣，莫能酬抗。进受菩萨戒法，乃奉书父母，劝归正法，曰："若专守外道，则虽还无益，若归信三宝，则长得相见。"其父感其言至，遂弃邪从正。

跋陀前到师子诸国，皆传送资供。既有缘东方，乃随舶汎海。中途风止，淡水复竭，举舶忧惶。跋陀曰："可同心并力念十方佛，称观世音，何往不感。"乃密诵咒经，恳到礼忏。俄而信风暴至，密云降雨，一舶蒙济，其诚感如此。

元嘉十二年至广州，刺史车朗表闻，宋太祖遣使迎接。既至京都，敕名僧慧严、慧观于新亭慰劳，见其神情朗彻，莫不虔仰。虽因译交言，而欣若倾盖。初住祇洹寺，俄而太祖延请，深加崇敬。琅琊颜延之，通才硕学，束带造门。于是京师远近，冠盖相望。大将军彭城王义康，丞相南谯王义宣，并师事焉。

顷之，众僧共请出经，于祇洹寺，集义学诸僧，译出《杂阿含经》，东安寺出《法鼓经》。后于丹阳郡，译出《胜鬘》《楞伽经》。徒众七百余人。宝云传译，慧观执笔，往复谘析，妙得本旨。

后谯王镇荆州，请与俱行，安止辛寺，更创房殿，即于辛寺，出《无忧王》《过去现在因果经》一卷，《无量寿》一卷，《泥洹》《央掘魔罗》《相续解脱》《波罗蜜了义》《现在佛名》等经，《第一义五相略》《八吉祥》等诸经，并前所出凡百余卷。常令弟子法勇传译度语。

谯王欲请讲《华严》等经，而跋陀自忖，未善宋言，有怀愧叹。即旦夕礼忏，请观世音，乞求冥应。遂梦有人，白服持剑，擎一人首来至其前，曰："何故忧耶？"跋陀具以事对。答曰："无所多忧。"即以剑易首，更安新头，语令回转，曰："得无痛耶？"答曰："不痛。"豁然便觉，心神喜悦。旦起，语义皆通，备领宋言，于是就讲。

元嘉将末，谯王屡有怪梦。跋陀答云："京都将有祸乱。"未及一年，元凶构逆。及孝建之初，谯王阴谋逆节，跋陀颜容忧惨，未及发言。谯王问其故，跋陀谏诤恳切，乃流涕而出曰："必无所冀，贫道不容扈从。"谯王以其物情所信，乃逼与俱下。

梁山之败，火舰转迫，去岸悬远，判无全济，唯一心称观世音，手捉筇竹杖[①]，投身江中。水齐至膝，以杖刺水，水流深驶。见一童子寻后而至，以手牵之，顾谓童子："汝小儿何能度我？"恍忽之间，觉行十余步，仍得上岸。即脱衲衣欲偿童子，顾觅不见，举身毛竖，方知神力焉。

时王玄谟督军梁山，世祖敕军中得摩诃衍，善加料理，驿信送台。俄而寻得，令舸送都。世祖即时引见，顾问委曲，曰："企望日久，今始相遇。"跋陀曰："既染衅戾[②]，分当灰粉。今得接见，重荷生造。"敕问："并谁为贼？"答曰："出家之人，不预戎事。然张畅、宋灵秀等，并是驱逼。贫道所明，但不图宿缘，乃逢此事。"帝曰："无所惧也。"是日敕住后堂，供施衣物，给以人乘。

初跋陀在荆州十载，每与谯王书疏，无不记录。及军败检简，无片言及军事者。世祖明其纯谨，益加礼遇。后因闲谈，聊戏问曰："念丞相不？"答曰："受供十年，何可忘德！今从陛下乞愿，愿为丞相三年烧香。”帝凄然惨容，义而许焉。

及中兴寺成，敕令移住，为开三间房。后于东府谳会，王公毕集，敕见跋陀。时未及净发，白首皓然。世祖遥望，顾谓尚书谢庄曰：“摩诃衍聪明机解，但老期已至，朕试问之，其必悟人意也。”跋陀上阶，因迎谓之曰：“摩诃衍不负远来之意，但唯有一在。”

即应声答曰：“贫道远归帝京，垂三十载，天子恩遇，衔愧罔极，但七十老病，唯一死在。”帝嘉其机辩，敕近御而坐，举朝属目。

后于秣陵界凤凰楼西起寺，每至夜半，辄有推户而唤，视不见人，众屡厌梦。跋陀烧香咒愿曰：“汝宿缘在此，我今起寺，行道礼忏，常为汝等。若住者，为护寺善神；若不能住，各随所安。”既而道俗十余人，同夕梦见鬼神千数，皆荷担移去，寺众遂安。今陶后渚白塔寺，即其处也。

大明六年，天下亢旱，祷祈山川，累月无验。世祖请令祈雨，必使有感，如其无获，不须相见。跋陀曰：“仰凭三宝，陛下天威，冀必降泽。如其不获，不复重见。”即往北湖钓台，烧香祈请，不复饮食，默而诵经，密加秘咒。明日晡时[3]，西北云起，初如车盖，日在桑榆[4]，风震云合，连日降雨，明旦公卿入贺。敕见慰劳，蹴施相续。

跋陀自幼已来，蔬食终身。常执持香炉，未尝辍手。每食竟，辄分食飞鸟，乃集手取食。至太宗之世，礼供弥隆。到太始[5]四年正月，觉体不悆，便与太宗及公卿等告别。临终之日，延伫而望，云见天华圣像，禺中[6]遂卒，春秋七十有五。太宗深加痛惜，慰赙甚厚。公卿会葬，荣哀备焉。

注释

①**筇竹杖**：筇竹可以为杖，即称筇竹为杖。

②**衅戾**：即叛逆。

③**晡时**：即申时，黄昏之时。

④**桑榆**：指日落时余辉所在处。《后汉书·冯异传》："失之东隅，收之桑榆。"东隅指日出处，桑榆指日落处。

⑤**太始**：宋明帝年号应为"泰"始，非"太"始。

⑥**禺中**：即隅中，日近午之时。《淮南子·天文》："日至于衡阳，是谓禺中。"

译文

求那跋陀罗，中土称为功德贤，中印度人。以大乘学见长，故世人都称之为“摩诃衍”。原属婆罗门种姓，年幼时就学五明诸论，对天文历法，医方咒术等，也无不精通。后来得到一部《阿毗昙心论》，读后大有感悟，遂崇信佛法。其家世代崇信外道，禁绝沙门，他就离家隐潜，远求名师，遂剃度为僧。到他受具足戒时，已博通三藏。求那跋陀罗为人恭和，尊师尽礼。

不久，辞别小乘师，进一步研习大乘。其大乘师令他从一匣子当中摸取经典，即得《大品》《华严经》。其师赞叹道：“你与大乘很有缘分啊！”于是读诵、宣讲大乘佛法，当时很少有人能与之相比。受过菩萨戒后，就致书父母，劝他们皈依佛教，曰：“如果专守外道，对己对人都不会有什么好处；如果皈依佛门，则非但能利益他人，而且父子等可以经常相见。”其父为他的话所感动，就弃邪归正，皈依佛教。

求那跋陀罗到过狮子国（今斯里兰卡）等地，当地学人都很尊敬他，资给甚厚。既与东方有缘，就随商船泛海东渡。有一次，船航行到半途中，既无风助航，船中淡水又都喝光了，全船的人都十分焦急。求那跋陀罗就说：“大家可同心合力称念十方佛和观世音，佛菩萨神通广大，我们肯定能够得救的。”于是就密诵咒经，虔诚礼敬、祈祷，过了一会儿，忽然狂风大作，黑云密布，下起了大雨，全船的人都获救了。

元嘉十二年（公元四三五年）到达广州，刺史车朗奏知皇上，宋太祖即遣使来迎接他。到京都后，宋太祖又敕令名僧慧严、慧观到新亭慰劳他。二人见求那跋陀罗风神俊逸，都十分敬仰他。虽然交谈是通过翻译的，但大家一见如故，十分相投。起初，求那跋陀罗住在祇洹寺，后来宋太祖又亲自接见他，对他很是推崇。琅琊颜延之，博学多才，也亲自登门造访。于是京都一带的名流学士，都纷至沓来，一时门庭若市。大将军彭城王义康，丞相南谯王义宣，都拜他为师。

不久，众僧都请他翻译经典，于是在祇洹寺聚集义学，译出《杂阿含经》，在东安寺译出《法鼓经》，在丹阳郡译出《胜鬘经》《楞伽经》。有徒众七百多人。宝云为传译，慧观任笔受，反复斟酌，妙得经意。

后来南谯王镇守荆州，请求那跋陀罗与他一起到荆州去，他到荆州后，就住在辛寺，并重建僧舍、殿堂，译出了《无忧王》《过去现在因果经》一卷、《无量寿经》一卷及《泥洹》《央掘魔罗》《相续解脱》《波罗蜜了义》《现在佛名》等经及《第一义五相略》《八吉祥》等诸经，连同以前所译的共有百余卷。求那跋陀罗常让弟子法勇做传译、转译。

当时，南谯王曾请宣讲《华严》等经，但求那跋陀罗觉得自己不通汉语，故有惭愧之叹，就早晚祈请观世音神通加被。终于在一天晚上，梦见有一个人身穿白色衣服，手持宝剑，提着一颗人头站在他的面前，对他说：“你因何事忧愁？”求那跋陀罗就把自己不通汉语，翻译佛经等，有诸多不便告诉了他。只听见那个人答道：“今后你无须再为此事烦忧了。”随即用剑把他的头砍下来，把手中提着的头重新给他安上，并叫他转转头，问他：“疼不疼？”求那跋陀罗答道：“不疼。”说完猛然醒过来，一时顿觉心神畅悦。第二天一起床，竟然已通汉语，于是就开席讲经。

宋元嘉末年，南谯王屡有怪梦，他以此事询问于求那跋陀罗，求那跋陀罗就对他说：“京都一带将发生动乱。”还不到一年，果然有叛逆谋反。到了孝建初年，南谯王也反叛于朝廷，求那跋陀罗对此十分忧伤，但不曾对南谯王说出来。南谯王就问他忧伤的原因，求那跋陀罗十分恳切地劝谏他不要做出这种逆节谋反之事，但南谯王都听不进去，后来又逼求那跋陀罗随着他的军队南下。

南谯王的军队在梁山被朝廷的军队打得大败，他们乘船逃走，又受到敌军的夹击，当时他们离岸很远，估计很难逃脱劫难。他只好一心称念观世音，手中捉住一根竹杖，投身于江中，水深至膝，他以竹杖划水，越走越深。其时有一童子，从他后面走来，用手牵着他。

他对那个童子说："你比我还小得多，怎么反而能够救我？"忽然间觉得自己向前走了十几步，终于到了岸边。他就脱下身上的衲衣，准备送给那童子，报答他相救之恩。但回头一找，已不见那童子的身影，顿时全身毛骨悚然，才知道这是佛菩萨显现神力的护佑。

当时王玄谟在梁山当督军，宋世祖有令，如果遇到摩诃衍（即求那跋陀罗），请善加款待，并速将他送回京都。众军士找到求那跋陀罗后，就用船只把他送回京都，宋世祖随即接见他，并说："久仰高僧大名，没想今日方得相遇。"求那跋陀罗曰："贫僧既已身染叛逆之事，本来罪该万死。今日反而亲得皇上接见，有如重生再造。"宋世祖又问他："还有哪些贼人？"求那跋陀罗说："出家之人，本不过问军事。但如张畅、宋灵秀等，都是被逼所致。贫僧也许是由于过去世之业障，所以碰上这种事。"宋世祖曰："你无须惧怕。"是日敕令求那跋陀罗住于后堂，供养衣物，善加款待。

以前，求那跋陀罗在荆州住了十年，当时给南谯王的每封信都有记录。等南谯王的军队被打败后，检查他军中之文书材料，求那跋陀罗的信中不曾有半句言及军事，宋世祖知道了这情况后，更加尊重他。后来在一次闲谈中，宋世祖与他开玩笑道："你还怀念南谯王吗？"求那跋陀罗说："受他供养十年，怎么可能一点也不想念呢！如果陛下允许，愿为他烧香三年。”宋世祖很敬佩他之为人，竟然同意了。

中兴寺建成后，又敕令求那跋陀罗移住该寺，给了他三个房间。后来在宋世祖东府宴请众大臣时，求那跋陀罗也被邀请赴宴。当时求那跋陀罗没有剃发，满头白发。宋世祖在离求那跋陀罗很远的地方看到了他，就对身边的尚书说：“求那跋陀罗聪明机敏，但已垂垂老矣，我若问他，他必定知道所问之用意。”等求那跋陀罗上前时，就迎上去，并对他说：“摩诃衍不远万里来此弘扬佛法的愿望，都实现了，现在只剩下一件事了。”

求那跋陀罗随即应道：“贫道远道而来贵地，承蒙皇恩浩荡，自感惭愧万分，但现在已经是七十老朽了，只剩下入灭一件事了。”宋世祖十分赞叹他的机敏过人，特别让他坐在自己身边，一时全朝瞩目。

后来于秣陵界凤凰楼建西起寺，每到夜半更深，就听见推门声及呼唤声，出来一看，又看不到人，众人都有些害怕。求那跋陀罗就烧香咒愿，曰：“你等本来都住在此地，现在此地建造了寺院，举凡行道礼忏，都为你等祈祷。你等若想继续住在这里，就做此寺之护法神；如果不想继续住在这里，请各随所便。”那天晚上，僧俗十多人，梦见一千多鬼魂，都挑着担子离去了，自此之后，该寺才不再闹鬼。就是现在陶后渚白塔寺那个地方。

宋世祖大明六年（公元四六二年）时，天下大旱，朝野接连祈祷降雨，一连好几个月都无见效。世祖请求那跋陀罗祈雨，要他一定求来雨水，如果求不来雨，则无须再相见。求那跋陀罗说："仰仗三宝之法力，托福陛下之威神，此次祈祷必见成效。如果仍不下雨，决不再相见。"就往北湖钓台烧香祈祷，绝食诵经，频频咒愿。到第二日黄昏时，忽然风起云涌，连日降雨，王公大臣，都入朝祝贺。宋世祖敕令慰劳，赏赐甚厚。

求那跋陀罗素食终身，梵香礼拜，未尝中断。每次食过之后，都分食于飞鸟。他保留印度的传统，用手取食。到了宋太宗年代，礼遇、供养更隆。到泰始四年（公元四六八年）正月，自觉身体略有不适，便与太宗及王公大臣们诀别。临终那一天，蹺首远望，自称亲见天华、圣像，近中午时分圆寂，世寿七十五。太宗深为痛惜，丧事办得很是隆重。朝廷之王公大臣等，都参加了他的葬礼，可说是备极哀荣。

3 义解

晋洛阳朱士行

原典

朱士行，颍川[①]人，志业方直，欢沮不能移其操。少怀远悟，脱落尘俗。出家已后，专务经典。昔汉灵之时，竺佛朔译出《道行经》，即《小品》之旧本也，文句简略，意义未周。士行尝于洛阳讲《道行经》，觉文意隐质，诸未尽善，每叹曰："此经大乘之要，而译理不尽。"誓志捐身，远求大本。

遂以魏甘露五年，发迹雍州[②]，西渡流沙[③]，既至于阗，果得梵书正本，凡九十章。遣弟子弗如檀，此言法饶，送经梵本还归洛阳。未发之顷，于阗诸小乘学众，遂以白王云：“汉地沙门，欲以婆罗门书，惑乱正典，王为地主，若不禁之，将乱大法，聋盲汉地，王之咎也。”王即不听赍经。

士行深怀痛心，乃求烧经为证。王即许焉，于是积薪殿前，以火焚之。士行临火誓曰：“若大法应流汉地，经当不然；如其无护，命也如何。”言已，投经火中，火即为灭，不损一字，皮牒如本，大众骇服，咸称其神感。遂得送至陈留仓垣水南寺。

时河南居士竺叔兰，本天竺人，父世避难，居于河南。兰少好游猎，后经暂死，备见业果，因改厉专精深崇正法，博究众音，善于梵汉之语。

又有无罗叉比丘，西域道士，稽古多学，乃手执梵本，叔兰译为晋文，称为《放光般若》。皮牒故本，今在豫章。

至太安二年，支孝龙就叔兰一时写五部，校为定本。时未有品目，旧本十四匹缣，今写为二十卷。

士行遂终于于阗，春秋八十，依西方法阇维之，薪尽火灭，尸犹能全。众咸惊异，乃咒曰：“若真得道，法当毁败。”应声碎散，因敛骨起塔焉。后弟子法益，从彼国来，亲传此事。故孙绰《正像论》云：“士行散形于于阗。”此之谓也。

注释

①**颍川：**三国时所立之郡名，位于河南许昌东北。

②**雍州：**为古“九州”之一。《尔雅·释地》曰：“河西曰雍州。”河即黄河，雍州即指陕西中部、甘肃东南部、宁夏南部及青海黄河以南地区。

③**流沙：**古代指我国西北的沙漠地区，此处指新疆白龙堆一带。

译文

朱士行，颍川（今河南许昌东北）人，志业纯正，顺逆之境都不能改变他的志向。年幼之时，就聪明颖悟，脱落尘俗。出家以后，专心致志于研读佛教经典。在汉灵帝时，竺佛朔译出《道行经》，亦即《小品般若经》之旧本，文句比较简略，义理也不够完备。朱士行曾于洛阳讲解《道行经》，觉得该译本文意隐晦、艰涩，各方面都不尽人意。每每慨叹：“此经乃大乘佛法精要之所在，但所译的本子义理未尽。”遂立志舍身西行求取大本。

于曹魏甘露五年（公元二六〇年）从雍州出发，西度流沙，到于阗后，果然寻得梵书正本，共九十章，派弟子弗如檀（即法饶）把经本送回洛阳。正要出发之时，于阗的一些小乘学僧，把此事报告给国王，称："汉地沙门，欲以婆罗门书，惑乱正典，国王是一国之主，此事若不加以制止，将来必定会扰乱大法，欺惑汉地民众，此乃国王之过失。"国王闻奏，就下令不准把经典带出于阗。

朱士行得知这消息后，十分痛心，就请求国王以焚烧经典为试验。国王准许了他的请求，于是就在宫殿前累起木柴，以火烧之。朱士行走到火堆之前，发誓道："如若佛法应当流传汉地，经书不应被烧毁；如果不能得到护佑，也只好听从命运之安排了。"立誓毕，就把经书投进火堆之中，大火当即熄灭，经书一字无损，大家都十分惊异，赞叹佛法之神通广大。终于获准把经书带出于阗，送到陈留仓垣水南寺。

当时河南居士竺叔兰，本印度人，其父辈时避难于此。竺叔兰少年时好游猎，后亲见杀生的种种因缘果报，就改邪归正，专崇佛法，博究音律，擅长梵汉两种语言。

当时又有无罗叉比丘，乃西域道士，稽古通今，博识多学，他手执梵本，竺叔兰译为汉文，称为《放光般若经》。此经之古本，现存在豫章。

至太安二年（公元三〇三年），支孝龙与竺叔兰共同校勘《般若经》，版本更趋完善。当时还未有品目，旧本用十四匹缣书写，后改为二十卷。

后来，朱士行卒于于阗，世寿八十，依西域的习俗，采用火化，当柴火都烧尽时，其尸体却还很完好，大家都十分惊异，主持葬礼的人乃念咒道：“如果是真得道，尸体则当化为灰烬。”话音刚落，尸体即碎散。当时僧人就收拾其遗骨，并为之建塔。后来其弟子法益从于阗回来，言及此事。所以孙绰《正像论》云：“朱士行散形于于阗。”指的就是这件事。

晋剡沃洲山支遁

原典

支遁，字道林，本姓关氏，陈留[1]人，或云河东林虑[2]人。幼有神理，聪明秀彻。初至京师，太原王蒙甚重之，曰："造微之功，不减辅嗣[3]。"陈郡殷融，尝与卫玠交，谓其神情俊彻，后进莫有继之者。及见遁叹息，以为重见若人。家世事佛，早悟非常之理。隐居余杭山[4]，沉思《道行》之品，委曲《慧印》[5]之经，卓焉独拔，得自天心。

年二十五出家，每至讲肆，善标宗会，而章句或有所遗，时为守文者所陋。谢安闻而善之，曰："此乃九方歅[6]之相马也，略其玄黄而取其骏逸。"王洽、刘恢、殷浩、许询、郄超、孙绰、桓彦表、王敬仁、何次道、王文度、谢长遐、袁彦伯等，并一代名流，皆着尘外之狎。

遁常在白马寺，与刘系之等谈《庄子·逍遥篇》，云各适性以为逍遥。遁曰："不然，夫桀跖以残害为性，若适性为得者，彼亦逍遥矣。"于是退而注《逍遥篇》，群儒旧学莫不叹伏。

后还吴，立支山寺。晚欲入剡，谢安为吴兴守，与遁书曰："思君日积，计辰倾迟，知欲还剡[⑦]自治，甚以怅然。人生如寄耳，顷风流得意之事，殆为都尽，终日戚戚，触事惆怅，唯迟君来，以晤言消之，一日当千载耳。此多山县，闲静差可养疾，事不异剡，而医药不同，必思此缘，副其积想也。"

王羲之时在会稽，素闻遁名，未之信，谓人曰："一往之气，何足可言？"

后遁既还剡，经由于郡，王故往诣遁，观其风力。既至，王谓遁曰："《逍遥篇》可得闻乎？"遁乃作数千言，标揭新理，才藻惊绝，王遂披襟解带，留连不能已，仍请住灵嘉寺，意存相近。

俄又投迹剡山，于沃州小岭立寺行道，僧众百余，常随禀学。时或有惰者，遁乃着座右铭以勖之，曰："勤之勤之，至道非弥，奚为淹滞，弱丧神奇！茫茫三界，眇眇长羁，烦劳外凑，冥心内驰。徇赴钦渴，缅邈忘疲，人生一世，涓若露垂，我身非我，云云谁施？达人怀德，知安必危，寂寥清举，濯累禅池，谨守明禁，雅玩玄规，绥心神道，抗志无为，寥朗三蔽，融冶六疵，空同五阴，虚豁四肢。非指喻指[⑧]，绝而莫离。妙觉既陈，又玄其知，宛转乎任，与物推移。过此以往，勿思勿议，敦之觉父，志在婴儿。"

时论以遁才堪经济，而洁己拔俗，有违兼济之道。遁乃作《释蒙论》。

晚移石城山[⑨]，又立栖光寺，宴坐山门，游心禅苑，木食涧饮，浪志无生，乃注《安般》《四禅》诸经，乃《即色游玄论》《圣不辩知论》《道行旨归》《学道诫》等，追踪马鸣[⑩]，蹑影龙树[⑪]，义应法本，不违实相。

晚出山阴，讲《维摩经》，遁为法师，许询为都讲。遁通一义，众人咸谓询无以厝难，询每设一难，亦谓遁不复能通，如此至竟，两家不竭。凡在听者，咸谓审得遁旨，回令自说，得两三反便乱。

至晋哀帝即位，频遣两使，征请出都，止东安寺，讲《道行般若》，白黑钦崇，朝野悦服。

太原王蒙，宿构精理，撰其才辞，往诣遁，作数百语，自谓遁莫能抗，遁徐曰："贫道与君别来多年，君语了不长进。"蒙惭而退焉，乃叹曰："实緋钵之王、何也。"

郄超问谢安："林公谈何如嵇中散？"

安曰："嵇努力裁得去耳！"

又问："何如殷浩？"

安曰："亹亹论辩，恐殷制支；超拔直上渊源，实有惭德。"

郄超后与亲友书云："林法师神理所通，玄拔独悟，数百年来，绍明大法，令真理不绝，一人而已。”

遁淹留京师，涉将三载，乃还东山，上书告辞曰：“遁顿首言，敢以不才，希风世表，未能鞭后，用愆灵化。盖沙门之义，法出佛之圣，雕淳反朴，绝欲归宗。游虚玄之肆，守内圣之则，佩五戒之贞，毗外王之化，谐无声之乐，以自得为和。笃慈爱之孝，蠕动无伤，衔抚恤之哀，永悼不仁。秉未兆之顺，远防宿命；挹无位之节，履亢不悔。是以哲王御世，南面之重，莫不钦其风尚，安其逸轨，探其顺心，略其形敬，故令历代弥新矣。

“陛下天钟圣德，雅尚不倦，道游灵模，日昃忘御。可谓钟鼓晨极，声满天下，清风既劭，莫不幸甚。上愿陛下，齐龄二仪，弘敷至法，去陈信之妖诬，寻丘祷之弘议，绝小涂之致泥，奋宏辔于夷路。若然者，泰山不淫季氏之旅，得一以成灵；王者非员丘而不禋，得一以永贞。

“若使贞灵各一，人神相忘，君君而下无亲举，神神而咒不加灵，玄德交被，民荷冥祐，恢恢六合，成吉祥之宅，洋洋大晋，为元亨之宇。常无为而万物归宗，执大象而天下自往，国典刑杀，则有司存焉。若生而非惠，则赏者自得；戮而非怒，则罚者自刑。弘公器以厌神意，提铨衡以极冥量，所谓天何言哉？四时行焉。

“贫道野逸东山，与世异荣，菜蔬长阜，漱流清壑，褴褛毕世，绝窥皇阶，不悟乾光曲曜，猥被蓬荜，频奉明诏，使诣上京，进退惟咎，不知所厝。自到天庭，屡蒙引见，优游宾礼，策以微言，每愧才不拔滞，理无拘新，不足对扬玄模，允塞视听，踧踖侍人，流汗位席。

“曩四翁赴汉，干木蕃魏，皆出处有由，默语适会。今德非昔人，动静乖理，游魂禁省，鼓言帝侧，将困非据，何能有为？且岁月僶俛，感若斯之叹；况复同志索居，综习辽落，回首东顾，孰能无怀？

“上愿陛下，特蒙放遣，归之林薄，以鸟养鸟，所荷为优。谨露板以闻，伸其愚管，裹粮望路，伏待慈诏。”

诏即许焉，资给发遣，事事丰厚，一时名流，并饯离于征虏。蔡子叔前至，近遁而坐，谢安石后至，值蔡暂起，谢便移就其处。蔡还，合褥举谢掷地，谢不以介意，其为时贤所慕如此。既而收迹剡山，毕命林泽。

人尝有遗遁马者，遁受而养之。时或有讥之者，遁曰：“爱其神骏，聊复畜耳。”后有饷鹤者，遁谓鹤曰：“尔冲天之物，宁为耳目之玩乎？”遂放之。

遁幼时尝与师共论物类，谓鸡卵生用，未足为杀。师不能屈。师寻亡，忽现形，投卵于地，壳破雏行，顷之俱灭，遁乃感悟，由是蔬食终身。

遁先经余姚坞山[12]中住，至于明辰，犹还坞中。或问其意，答云："谢安石昔数来见就，辄移旬日，今触情举目，莫不兴想。"后病甚，移还坞中，以晋太和元年闰四月四日终于所住，春秋五十有三，即窆于坞中，厥冢存焉。或云终剡，未详。

遁善草隶，郄超为之序传，袁宏为之铭赞，周昙宝为之作诔。孙绰《道贤论》以遁方向子期，论云："支遁、向秀，雅尚庄老，二子异时，风好玄同矣。"

又《喻道论》云："支道林者，识清体顺，而不对于物；玄道冲济，与神情同任。此远流之所以归宗，悠悠者所以未悟也。"后高士戴逵行经遁墓，乃叹曰："德音未远，而拱木已繁，冀神理绵绵，不与气运俱尽耳。"

遁有同学法虔，精理入神，先遁亡，遁叹曰："昔匠石废斤于郢人，牙生辍弦于钟子，推己求人，良不虚矣。宝契既潜，发言莫赏，中心蕴结，余其亡矣。"乃著《切悟章》，临亡成之，落笔而卒。凡遁所著文翰，集有十卷，盛行于世。

注释

①**陈留：**今河南开封。

②**河东林虑：**今河南彰德。

③**辅嗣：**魏晋玄学家王弼之字。

④**余杭山**：位于今浙江杭州北部。

⑤**《慧印》**：又称智印，为诸菩萨所结印契之总称。此印契为菩萨智用之标帜。

⑥**九方歅**：又作九方皋，春秋时人，据传由伯乐推荐，为秦穆公求千里马，不辨马之颜色和雌雄，却善于观察马之内在素质。

⑦**剡**：今浙江嵊州西南。

⑧**非指喻指**：语出《庄子·齐物论》。《庄子·齐物论》曰："以指喻指之非指，不若以非指喻指之非指；以马喻马之非马，不若以非马喻马之非马也。"这是对庄子乃至公孙龙有关玄理之阐释。

⑨**石城山**：位于今浙江绍兴东北三十里。

⑩**马鸣**：古印度僧人，约生于公元一二世纪间（约公元一〇〇年至一六〇年左右），中天竺人，古印度大乘佛教著名论师。

⑪**龙树**：亦译为"龙猛""龙胜"，约生于公元二三世纪间，印度大乘佛教中观学派之创始人。

⑫**余姚坞山**：位于今浙江余姚市东北。

译文

支遁，字道林，本姓关氏，陈留（今河南开封）

人，也有说是河东林虑（今河南彰德）人。幼年时就十分聪明机敏，悟性很高。刚到京都时，就深受王蒙之推崇，曰："其于玄理之造诣，不亚于王弼。"陈郡之殷融，曾与卫玠有交往，称卫玠神情俊逸，后来的学者没有能超过他的。当殷融见到支遁后，大加赞叹，认为支遁有过之而无不及。支遁一家世代信奉佛教，幼年时就受到佛法之熏陶，很早就领悟佛教的许多义理。后来隐居于余杭山，研习《道行般若》，探究《慧印三昧》，得自天心，多有卓见。

二十五岁出家，每当讲解经典时，善标宗会，但于文句等却时有遗略，为此，曾被一些墨守文句者所非议。而当时之名士谢安却十分赞赏他，称："这乃是九方歅之相马，忽略其毛色之驳杂而取其骏逸。"王洽、刘恢、殷浩、许询、郄超、孙绰、桓彦表、王敬仁、何次道、王文度、谢长遐、袁彦伯等，都是一代名流，也都是他方外之好朋友。

支遁常在白马寺，与刘系之等谈论《庄子·逍遥篇》，当时，大家都以适性为逍遥。支遁曰："不然，如果以适性为逍遥，桀纣、盗跖以残害为性，那么适其残害之性也是逍遥了。"于是退而注《逍遥篇》，其时之儒生、名流都赞叹不已。

后来回到东吴，创建支山寺。晚年欲入剡沃洲山，吴兴太守谢安，致书支遁，曰：“对你的思念日甚一日，恨不得即时与你相会，得知你准备回剡沃洲山，不禁使我很感惆怅。人生如白驹过隙，风流得意之事，都已经历过，回首往事，令人感慨万端，只盼你能来一起开怀畅叙，真有一日三秋之感觉。这里之山水颇清静雅致，与剡沃洲山一样可以静养治病，望你一定念及此缘分，以满足我之真诚愿望。”

王羲之当时在会稽，素闻支遁之大名，但不很相信外界对他的传扬赞颂，就对旁人说：“支遁也许只是会些清谈，外界对他的传扬又何必那么夸大其辞呢？”

后来，支遁回剡时途经会稽，王羲之就特地去拜访他，欲探探他的风神、才学。见面后，王羲之就对支遁说：“支公可否给我们讲讲《逍遥篇》，也让我们开开眼界。”支遁作数千言，揭示新理，文采飞扬，王羲之反复研味，赞叹不已，就请支遁至吴兴，住于灵嘉寺。

后来，支遁又到剡山建立精舍，有一百多僧人，从他受学。当时有些僧侣修习不甚勤奋，支遁就作座右铭以勉励他们，曰：“应当努力啊，道之境界并不是遥不可及的，怎么能自我沉沦，葬送各自之天机悟性呢！三界茫茫，旅途漫漫，应当弃除烦恼杂念，专心潜修。应当像饥之欲食，渴之欲饮那样致力于学业，人生一世，有如晨间霜露，转眼即逝，各人之身躯，本来就是假像幻影，又何必执着它呢！通达之人，常常能知安思危，应当专心禅业，谨守戒律，安心佛法，志向无为，弃除各种烦恼杂障，把五蕴之身视同空幻。非指喻指，不要多加执着，一切任其自然。过此以往，勿思勿虑，大觉之境，亦即与法性合一，返璞归真。”

当时有不少人认为支遁才能经邦，学可济世，而他却洁身自修，有失兼济之道。支遁乃作《释蒙论》加以辩释。

支遁晚年移居石城山，创建栖光寺，隐遁禅修，木食涧饮，并注《安般守意》《四禅》诸经，撰写《即色游玄论》《圣不辩知论》《道行旨归》《学道诫》等，遥承马鸣、龙树之思想旨趣，立义契合于法性，说法不违实相。

晚年复出山阴，讲解《维摩诘经》，当时支遁为法师，许询为都讲。支遁诠释一义，众人都认为许询无从置难。许询每设一难，众人又以为支遁难以解答，两人问答，反复再三，大家都认为许询颇能领会支遁之思想。但是若让许询自己讲说，则二三遍后，就出现混乱了。

到晋哀帝即位，连遣二使，诏请支遁到京都讲经，止于东安寺，讲解《道行般若经》，僧俗钦敬，朝野推崇。

当时的名士王蒙精通玄理，才华出众。有一次，王蒙自作论数百言，自称支遁不能酬抗，但支遁却对他说："贫道与你相别多年，但你于玄理之见解，似没有什么长进。"王蒙一时大感惭愧，乃感叹道："支遁实乃佛界之何宴、王弼！"

有一次，郄超问谢安："支遁与嵇康相比，哪一人强一些？"

谢安道："嵇康哪里比得上支遁！"

又问："与殷浩比如何？"

谢安道："若仅就论辩说，也许殷浩要胜过支遁；但如果就玄理造诣言，则殷浩远不如支遁。"

后来郄超在一封给亲友的信中说："支遁法师对于佛教、玄学义理之深湛造诣，数百年来，恐无人能与之相比，能弘扬佛法、玄学之真理者，唯有他一人而已。"

支遁在京都逗留了将近三年，又返回东山，临行时上书辞别曰："支遁不才，值此教化日隆之世，不能于启迪后学有所作为，殊感惭愧。盖佛法之教义，乃出自圣意，其旨趣在于回纯返朴，绝欲归真。探研幽玄之义理，遵循内圣之法则，谨守五戒之禁律，辅助外王之教化，以无声之谐为乐，以自得于心为和。笃守仁爱之孝，不敢毁伤有情，富有怜恤之哀，永离不仁之事。预知未兆之征，远防宿世之报；守无位之节操，于世不卑不亢。所以世间贤哲，历代帝王，莫不钦敬其风尚，尊重其仪轨，简略其致敬之礼，而使其历代弥新。

“今陛下圣德昭明，崇尚风雅，好道勤政，忘餐废寝。真可谓一代明主，声满天下，清风四被，举国幸甚。上愿陛下，与天同寿，弘扬大法，远离妖诬之事，亲近正道之言，弃崎岖之小途，希康庄之大路。如能这样，则泰山不因季氏之祀而得一以成灵；王者非员丘（神仙所居之地）而不祭，贞一纯正则福泽久远。

“若使各各纯正贞一，君圣明而无私，神公正而不偏佑，君德神明交相加被，民全获其护佑，则普天之下，成吉祥之宅，洋洋大晋，为极乐之宇。常无为而万物归宗，执大道而天下归趣，国典刑杀，有司存焉。若生而非仁不慈，则作者自食其果；受惩罚而无怨恨，则罚者自刑。公正无私一至于扪心无愧，那真有如孔夫子所说的：‘天何言哉？四时行焉。’

“贫道隐逸东山，与世无争，素餐涧饮，枕石清流，褴褛毕世，无意亲近权贵，不意皇上垂恩，频下诏书，征召贫道前来京都，这很使我进退维谷，不知所措。自从到了京都之后，屡蒙召见，礼遇有加，且常以玄理、微言相策问，无奈我才疏学浅，见解平平，不能阐发幽微，流畅对答，每每局促不安，汗湿衣裳。

“过去四贤者赴汉，干木辅助魏朝，都事出有因，语默皆宜。贫道德不比过去诸贤者，动静乖理，因而常惶惶不可终日，如此焉能有所作为？且岁月荏苒，光阴似箭，使人不免有‘逝者如斯’之感叹；加之，众同道寡然索居，学业潦落，回首东顾，怎能忘怀？

“上愿陛下广开圣恩，遣放贫僧回归丛林，以使贫僧随缘任性，贫僧将无量感激。谨上此表，略陈愚见，我现正整装待发，请望皇上慈悲为怀，恩准放行。”

皇上乃下诏准奏，且资给甚厚，一时间，京都名流都来为支遁饯行。当时蔡子叔先到，靠近支遁而坐，谢安后至，当蔡子叔有事暂时离开座位时，谢安即坐到他所坐的位置上。蔡子叔回来后，把谢安连同坐垫一起掀翻在地，谢安也不介意，其为时贤所钦敬，一至于此。后来归隐剡山，终于林野。

曾经有人把马放于支遁处，支遁接受并且饲养它。当时就有人讥笑他，支遁说：“因爱其神骏，故畜养它。”后来又有养鹤者，支遁却对他说：“鹤之本性喜翱游于太空，怎能畜之于樊笼，作为观赏之物呢？”养鹤者遂把鹤放掉。

支遁年幼时曾与其师谈论物类，称鸡蛋生用，不算杀生。其师一时不能说服他。后来其师圆寂后，忽有一次现形，在他面前把鸡蛋扔到地上，顿时从蛋壳中走出一只小鸡，一会儿就不见了，支遁乃感悟，从此素食终身。

以前，支遁曾在余姚坞山中住，第二天一早，又返回坞中，有人问其原因，他说："谢安石过去常来走动，一住就是好几天，今触景生情，十分想念。"后来病笃，移回坞中居住，于晋太和元年（公元三六六年）卒于居所，世寿五十三，即葬于坞中，现在坟墓还在。但也有说他终于剡山的，未详。

支遁善草隶，郄超为之序传，袁宏为之铭赞，周昙宝为之作诔。孙绅《道贤论》把支遁比诸向秀。论云："支遁、向秀，雅尚庄老，二人虽然生不同时，但风尚无异。"

又，《喻道论》云："支道林者，识见清雅，不滞于物类；玄道高尚，与神情同任。此乃名士风流所以归宗，一般清谈所以未悟者也。"后来高士戴逵经过支遁之墓时，乃感叹道："支遁谢世未久，而墓上之树木已如此之繁茂，此乃神理绵绵，不与形体俱尽矣。"

支遁有同学法虔，精通玄理，比支遁早去世，支遁乃感叹道："过去曾有著名石匠因知己谢世而不再用斧凿，伯牙更因钟子期亡故而不复弹琴，验之今日，此说确实非为虚传。知己既已不在，所论玄理无人能赏识，又何必多所议论呢？"乃著《切悟章》，临终写就，完稿而卒。支遁所著论述注疏有十卷，盛行于世。

晋长安五级寺释道安

原典

释道安，姓卫氏，常山扶柳[①]人也。家世英儒，早失覆荫，为外兄孔氏所养。年七岁读书，再览能诵，乡邻嗟异。至年十二出家，神性聪敏，而形貌甚陋，不为师之所重，驱役田舍，至于三年，执勤就劳，曾无怨色。笃性精进，斋戒无阙。数岁之后，方启师求经。师与《辩意经》一卷，可五千言。安赍经入田，因息就览，暮归，以经还师，更求余者。师曰："昨经未读，今复求耶？"答曰："即已暗诵。"师虽异之，而未信也，复与《成具光明》一卷，减一万言，赍之如初，暮复还师。师执经覆之，不差一字，师大惊嗟而敬异之。后为受具戒，恣其游学。

至邺[②]，入中寺，遇佛图澄。澄见而嗟叹，与语终日。众见形貌不称，咸共轻怪。澄曰："此人远识，非尔俦也。"因事澄为师。澄讲，安每复述，众未之惬，咸言："须待后次，当难杀昆仑子[③]。"即安后更复讲，疑难锋起，安挫锐解纷，行有余力。时人语曰："漆道人[④]，惊四邻。"

后避难，潜于濩泽[⑤]，太阳[⑥]竺法济、并州支昙讲《阴持入经》，安后从之受业。顷之，与同学竺法汰俱憩飞龙山。沙门僧先、道护已在彼山，相见欣然，乃共披文属思，妙出神情。安后于太行恒山创立寺塔，改服从化者中分河北。时武邑太守卢歆，闻安清秀，使沙门敏见苦要之，安辞不获免，乃受请开讲，名实既符，道俗欣慕。

至年四十五，复还冀部，住受都寺，徒众数百，常宣法化。石虎死，彭城王嗣立，遣中使竺昌蒲，请安入华林园，广修房舍。安以石氏之末，国运衰危，乃西适牵口山。迄冉闵之乱，人情萧索，安乃谓其众曰："今天灾旱蝗，寇贼纵横；聚则不立，散则不可。"遂复率众入王屋女林山。顷之，复渡河依陆浑，山栖木食修学。

俄而慕容俊逼陆浑，遂南投襄阳，行至新野，谓徒众曰："今遭凶年，不依国主，则法事难立。又教化之体，宜令广布。"咸曰："随法师教。"乃令法汰诣扬州，曰："彼多君子，好尚风流。法和入蜀，山水可以修闲。"安与弟子慧远等四百余人渡河。夜行值雷雨，乘电光而进。前行得人家，见门内有二马柳，之间县一马篼，可容一斛。安便呼林伯升，主人惊出，果姓林，名伯升，谓是神人，厚相接待。既而弟子问："何以知其姓字？”曰：“两木为林，篼容伯升也。”既达襄阳，复宣佛法。

初，经出已久，而旧译时谬，致使深义隐没未通，每至讲说，唯叙大意，转读而已。安穷览经典，钩深致远，其所注《般若》《道行》《密迹》《安般》诸经，并寻文比句，为起尽之义，及析疑甄解，凡二十二卷。序致渊富，妙尽深旨，条贯既序，文理会通，经义克明，自安始也。

自汉魏迄晋，经来稍多，而传经之人，名字弗说，后人追寻，莫测年代。安乃总集名目，表其时人，诠品新旧，撰为经录，众经有据，实由其功。四方学士，竞往师之。

时征西将军桓朗子镇江陵，要安暂住。朱序西镇，复请还襄阳。安以白马寺狭，乃更立寺，名曰檀溪，即清河张殷宅也。大富长者，并加赞助，建塔五层，起房四百。凉州刺史杨弘忠送铜万斤，拟为承露盘。安曰：“露盘已托汰公营造，欲回此铜铸像，事可然乎？”忠欣而敬诺。于是众共抽舍，助成佛像，光相丈六，神好明着。安既大愿果成，谓言夕死可矣。

苻坚遣使送外国金箔倚像，高七尺，又金坐像、结珠弥勒像、金缕绣像、织成像各一尊，每讲会法聚，辄罗列尊像，布置幢幡。珠珮迭晖，烟华乱发，使夫升阶履闼者，莫不肃焉尽敬矣。

有一外国铜像，形制古异，时众不甚恭重。安曰："像形相致佳，但髻形未称。"令弟子炉冶其髻，既而光炎焕炳，耀满一堂，详视髻中，见一舍利，众咸愧服。安曰："像既尽异，不烦复治。"乃止。识者咸谓安知有舍利，故出以示众。

时襄阳习凿齿锋辩天逸，笼罩当时，其先藉安高名，早已致书通好，曰："承应真履正，明白内融，慈训所兼照，道俗齐荫。自大教东流四百余年，虽蕃王居士时有奉者，而真丹宿训，先行上世，道运时迁，俗未佥悟，自顷道业之隆，咸无以匹。所谓月光将出，灵钵应降，法师任当洪范，化洽深幽，此方诸僧，咸有思慕，各愿庆云东徂，摩尼回曜，一蹑七宝之座，暂现明哲之灯，雨甘露于丰草，植栴檀于江湄，则如来之教，复崇于今日，玄波溢漾，重荡于一代矣。"文多不悉载。

及闻安至止，即往修造。既坐，称言："四海习凿齿。"安曰："弥天释道安。"时人以为名答。齿后饷梨十枚，正值众食，便手自剖分，梨尽人遍，无参差者。高平郗超，遣使遗米千斛，修书累纸，深致殷勤。安答书云："损米千斛，弥觉有待之为烦。"

习凿齿书与谢安，书云："来此见释道安，故是远胜，非常道士。师徒数百，斋讲不倦，无变化技术可以惑常人之耳目，无重威大势可以整群小之参差，而师徒肃肃，自相尊敬，洋洋济济，乃是吾由来所未见。其人理怀简衷，多所博涉，内外群书，略皆遍睹，阴阳算数，亦皆能通，佛经妙义，故所游刃，作义乃似法简法道，恨足下不同日而见，其亦每言思得一叙。”其为时贤所重，类皆然也。

安在樊沔十五载，每岁常再讲《放光般若》，未尝废阙。晋孝武皇帝，承风钦德，遣使通问。并有诏曰：“安法师器识论通，风韵标朗，居道训俗，徽绩兼着，岂直规济当今，方乃陶津来世，俸给一同王公，物出所在。”

时苻坚素闻安名，每云：“襄阳有释道安，足神器，方欲致之，以辅朕躬。”后遣苻丕南攻襄阳，安与朱序俱获于坚，坚谓仆射权翼曰：“朕以十万之师取襄阳，唯得一人半。”翼曰：“谁耶？”坚曰：“安公一人，习凿齿半人也。”既至，住长安五重寺，僧众数千，大弘法化。

初，魏晋沙门依师为姓，故姓各不同。安以为大师之本，莫尊释迦，乃以释命氏。后获《增一阿含》，果称四河⑦入海，无复河名；四姓⑧为沙门，皆称释种。既悬与经符，遂为永式。

安外涉群书，善为文章。长安中衣冠子弟为诗赋者，皆依附致誉。时蓝田县得一大鼎，容二十七斛，边有篆铭，人莫能识，乃以示安。安云："此古篆书，云鲁襄公所铸。"乃写为隶文。

又有人持一铜斛于市卖之，其形正圆，下向为斗，横梁昂者为升，低者为合，梁一头为籥，籥同黄钟，容半合，边有篆铭。坚以问安，安云："此王莽自言出自舜，皇龙戊辰，改正即真，以同律量，布之四方，欲小大器钧，令天下取平焉。"其多闻广识如此。坚敕学士内外有疑，皆师于安，故京兆为之语曰："学不师安，义不中难。"

初，坚承石氏之乱，至是民户殷富，四方略定，东极沧海，西并龟兹，南苞襄阳，北尽沙漠，唯建业一隅，未能抗伏。坚每与侍臣谈话，未尝不欲平一江左，以晋帝为仆射，谢安为侍中。坚弟平阳公融及朝臣石越、原绍等并切谏，终不能回。众以安为坚所信敬，乃共请曰："主上将有事东南，公何能不为苍生致一言耶？"会坚出东苑，命安升辇同载。仆射权翼谏曰："臣闻天子法驾，侍中陪乘，道安毁形，宁可参厕！"坚勃然作色曰："安公道德可尊，朕以天下不易，舆辇之荣，未称其德。"即敕仆射扶安登辇。

俄而顾谓安曰："朕将与公南游吴越，整六师而巡狩，涉会稽以观沧海，不亦乐乎？"

安对曰："陛下应天御世，有八州之富，居中土而制四海，宜栖神无为，与尧舜比隆。今欲以百万之师，求厥田下下之土。且东南区地，地卑气厉，昔舜禹而不反，秦王适而不归，以贫道观之，非愚心所同也。平阳公懿戚、石越重臣，并谓不可，犹尚见距，贫道轻浅，言必不允。既荷厚遇，故尽丹诚耳。"

坚曰："非为地不广，民不足治也，将简天心，明大运所在耳。顺时巡狩，亦著前典，若如来言，则帝王无省方之文乎？"

安曰："如銮驾必动，可先幸洛阳，枕威蓄锐，传檄江南，如其不服，伐之未晚。"

坚不从，遣平阳公融等精锐二十五万为前锋，坚躬率步骑六十万。到顷，晋遣征虏将军谢石、徐州刺史谢玄距之。坚前军大溃于八公山西，晋军逐北三十余里，死者相枕。融马倒殒首，坚单骑而遁，如所谏焉。

安常著诸经，恐不合理，乃誓曰："若所说不甚远理，愿见瑞相。"乃梦见梵道人，头白眉毛长，语安云："君所注经，殊合道理，我不得入泥洹，住在西域，当相助弘通，可时时设食。"后《十诵律》至，远公乃知和尚所梦宾头卢也。于是立座饭之，处处成则。

安既德为物宗，学兼三藏，所制僧尼轨范，佛法宪章，条为三例：一曰，行香定座上经上讲之法；二曰，常日六时[9]行道饮食唱时法；三曰，布萨[10]差使悔过等法。天下寺舍，遂则而从之。安每与弟子法遇等，于弥勒前立誓，愿生兜率。后至秦建元二十一年正月二十七日，忽有异僧，形甚庸陋，来寺寄宿，寺房既窄，处之讲堂。时维那直殿，夜见此僧从窗隙出入，遽以白安。安警起礼讯，问其来意，答云："相为而来。"安曰："自惟罪深，岂可度脱？"彼答云："甚可度耳，然须更浴，圣僧情愿必果。"具示浴法。安请问来生所之处，彼乃以手虚拨天之西北，即见云开，备睹兜率妙胜之报。尔夕大众数十人，悉皆同见。安后营浴具，见有非常小儿，伴侣数十，来入寺戏，须臾就浴，果是圣应也。至其年二月八日忽告众曰："吾当去矣。"是日斋毕，无疾而卒，葬城内五级寺中，是岁晋太元十年也。

未终之前，隐士王嘉往候安。安曰："世事如此，行将及人，相与去乎！"嘉曰："诚如师所言，师且前行，仆有小债未了，不得俱去。"及姚苌之得长安也，嘉时故在城内。苌与苻登相持甚久，苌乃问嘉："朕当得登不？"答曰："略得。"苌怒曰："得当言得，何略有之。"遂斩之。此嘉所谓负债者也。苌死后，其子兴方杀登，兴字子略，即嘉所谓略得者也。

嘉字子年，洛阳人也。形貌鄙陋，似若不足，本滑稽，好语笑，然不食五谷，清虚服气，人咸宗而事之。

往问善恶，嘉随而应答，语则可笑，状如调戏，辞似谶记，不可领解，事过多验。初，养徒于加眉谷中，苻坚遣大鸿胪征，不就。及坚将欲南征，遣问休否，嘉无所言，乃乘使者马，佯向东行数百步，因落靴帽，解弃衣服，奔马而还，以示坚寿春之败。其先见如此。及姚苌正害嘉之日，有人于陇上见之，乃遣书于苌。安之潜契神人，皆此类也。

安先闻罗什在西国，思共讲析，每劝坚取之。什亦远闻安风，谓是东方圣人，恒遥而礼之。初安生而左臂有一皮，广寸许，着臂，捋可得上下也，唯不得出手，时人谓之为印手菩萨。安终后十六年，什公方至。什恨不相见，悲恨无极。

安既笃好经典，志在宣法，所请外国沙门僧伽提婆、昙摩难提及僧伽跋澄等，译出众经百余万言。常与沙门法和，诠定音字，详核文旨，新出众经，于是获正。

孙绰为《名德沙门论》，自云："释道安博物多才，通经名理。"又为之赞曰："物有广赡，人固多宰，渊渊释安，专能兼倍。飞声汧垄，驰名淮海，形虽草化，犹若常在。"有别记云："河北别有竺道安，与释道安齐名。"谓习凿齿致书于竺道安。道安本随师姓竺，后改为释。世见其二姓，因谓为两人，谬矣。

注释

①**常山扶柳**：即今河北冀州。

②**邺**：古都名，十六国时后赵、前燕、北朝时东魏、北齐均建都于此，位于今河北省临漳县境内。

③**昆仑子**：此有二释：一作昆仑奴，即昆仑国（南海诸岛）之黑人，或对来自印度僧人之蔑称；二指道安法师，因其肤色黝黑，而得绰号昆仑子。

④**漆道人**：即道安。

⑤**濩泽**：地名，在山西阳城县西。

⑥**太阳**：当是大阳，在今山西省平陆县境内。

⑦**四河**：指古印度之四大河，即殑伽河（恒河）、信度河（印度河）、缚刍河（缚叉河）、徙多河（私陀河）。

⑧**四姓**：指古印度之四大种姓，即婆罗门、刹帝利、首陀罗、吠舍。

⑨**六时**：指昼夜六时。将一昼夜分为六等，即昼三时，夜三时。昼三时为辰朝、日中、日没；夜三时为初夜、中夜、后夜。

⑩**布萨**：又作优婆婆素陀、布沙他、布萨陀婆等，意译为长净、长养、净住等。即同住之比丘每半月集会一处，请精熟律法之比丘说波罗提木叉戒本，以反省过

去半个月内之行为是否合乎戒本，如有犯戒者，则于众前忏悔，以此增长功德。

译文

释道安，俗姓卫，常山扶柳（今河北冀州）人。其家世代儒生，幼年时父母均亡故，为其表兄孔氏收养。七岁开始读诗书，读两遍就能背诵，乡邻都十分诧异。十二岁出家，聪明机敏而其貌不扬，因而不为其师所重，让他到田间干杂活，一干就是三年，他勤快卖力，毫无怨言。刻苦精进，持戒严谨。数年之后，方向其师求读经典。其师就给了他一本《辩意经》。该经一卷，共五千言。道安把经带到田里，劳动间隙时就读诵，当晚回家后，把经还给师父，又向他要其他的经典看。其师父就说："昨天给你的经典还未读，为何今日又要拿新经典？"道安答道："那经我已经会背诵了。"师父虽然感到吃惊，但不怎么相信，又把《成具光明经》给他。他又把经带到田间去看，那天晚上回来，又把经还给师父。其师父把经盖起来，让他背诵，果然一字不漏，其师大吃一惊，叹为奇异。受具足戒后，就四处游学。

至邺（今河北省临漳县境内），于中兴寺遇到佛图澄，佛图澄与他谈论终日，对他之才学见识大感赞叹。但因他相貌不扬，大家既感怪异，又不太看重他。佛图澄说："这个人见识卓越，与你们不可同日而语。"后来，道安就师事于佛图澄。每当佛图澄讲经，道安则复述，起初，众人不太看重他，都说："再等一会儿，道安肯定要出洋相。"后来，道安复述时，众人诘难蜂起，道安解答从容，游刃有余，众人全都十分感叹，曰："漆道人（即道安）真是语惊四座。"

后来，道安避难于濩泽（今山西阳城县西），当时竺法济、支昙在讲解《阴持入经》，道安即从之受学。不久，与同学竺法汰止息于飞龙山。当时，僧先、道护已在该山，大家一见面，都十分高兴，遂共同研读经典，探讨义理。道安后来又于太行山、恒山创立寺塔，从他受学者甚众。当时武邑太守卢歆听说道安品格清秀、道行高远，就派遣沙门敏见恳切请道安到他那里去，道安推辞不掉，就接受他的请求，开席讲经。大家一听，果然名不虚传，对他十分钦敬。

道安四十五岁时又回到河北冀州，住于受都寺，徒众数百，经常开席说法。后赵石虎死后，彭城王继位，派遣使者竺昌蒲，请道安进住华林园，并广修房舍。后赵末年，国运衰危，道安乃往西到牵口山。正好碰上冉闵之乱，百里萧条，人心惶惶，道安就对徒众们说：

“眼下天灾人祸并至，大家都聚集在一起，看来已有困难；但如若各奔东西，又不合适。”就率领徒众入王屋女林山。不久，又渡河依止于陆浑，乃山栖木食，潜心修学。

过了不久，慕容俊的军队进攻陆浑，就避难迁往襄阳，行至新野时，对徒众们说：“现正值荒乱之年，不依国主，则法事难立。加之，佛之教化，应使之广为传布。”徒众们都说：“一切听从师父之教诲和安排。”道安就令法汰往扬州，并对他说：“那一带向来是君子聚居之地，好尚风流。法和所去之巴蜀，则与扬州不同，可依山水以修行。”道安遂与弟子慧远等四百余人渡河。晚上遇雷雨，大家借闪电之亮光赶路。走到一户人家，见门内有二棵马柳，之间挂一马篼，篼大可容一斛。道安便以林伯升名号叫门，主人一听，很是惊奇地出来开门。一问果然姓林，名伯升。主人猜道安非同凡人，厚相接待。过后，弟子问道安：“怎么会知道主人的姓名？”道安曰：“两木为林，篼容百升也。”到了襄阳后，就大弘佛法。

佛教经典的翻译自汉之后，已有不少，但旧译多有错讹，致使佛教的义理多所隐没，每次说法，都只能简说大意，略加转读。道安博览经典，深入探究，其所注《般若》《道行》《密迹》《安般》诸经，都句斟字酌，精解入微，共有二十二卷。并为之撰写序言，揭示其所蕴含之义理。思路既清晰，文理又通达顺畅，经义也十分完备，这一切都始自道安。

自汉魏至晋，佛经传译渐多。但是传译经典之人，多不记载译者姓名，以致后人难知译者之年代。道安乃搜集汉译经典之名目，考证出译者之姓名、时代，甄别新旧之译著，撰写成众经目录一书，史称《安录》，佛经之有录，始自道安。四方学众，争相师事之。

其时，征西将军桓朗子镇守江陵，请求道安暂住其处。朱序镇守襄阳，又请道安回到他那里。道安认为白马寺太狭窄，就另建寺院，名曰檀溪，即今清河张殷宅院。其时，富豪长者，都大力赞助，建塔五层，起房四百。凉州刺史杨弘忠送铜万斤，准备作承露盘。道安曰："露盘早已托法汰建造，想用这些铜铸佛像，未知尊意如何？"杨弘忠当即表示赞同。于是大家又一齐凑足所需费用，终于把佛像建造起来了。该像金光闪闪，相好庄严。既然大愿已实现，道安遂感叹地说："夕死可矣。"

当时苻坚曾送外国金箔立像，高七尺，还有坐像、结珠弥勒像、金缕绣像、织成像各一尊，每当开席说法之时，就把这些佛像陈列于讲堂之上，还挂有幢幡彩带等。金像珠宝交相辉映，幢幡彩带熠熠生晖，进入殿登堂者莫不肃然起敬。

当时，有一外国送来的铜像，形状古怪，众僧都不太敬重它。道安说："此像形相甚佳，就是发髻不太相称。"令弟子用炉冶其髻，顿时光芒四射，满室生晖，等大家一看髻中，见有一颗舍利，大家既自感惭愧，又对道安十分叹服。道安曰："像既然多有灵异，就不必再冶炼修整了。"大家才住手。有识见之人都说道安知髻中有舍利，所以故意让人用炉炼出以示众。

与道安同时，襄阳有一名字称为习凿齿的人，论辩著称当时，其从以前就闻道安高名，早已致书通好，曰："法师契应法性，弘扬大道，明白贯通，性理兼融，佛法所照，道俗蒙益。自佛教东传四百余年，虽然王侯、居士或有信奉者，但中土名宿，多遵行世训，道运随时而迁，民众悟之者未多，最近佛法之隆盛，实是以往所不能比拟。所谓月光菩萨将出现，则灵钵应降，法师堪当弘法之楷模，所阐扬之义理幽微、深邃，此间诸僧，全都十分仰慕、崇敬，大家都希望法师能法驾光临，来此间弘扬佛法，开席讲经，使众生全得蒙益，倘能如此，则如来之教，又光大于今日，玄义深理，重大扬于一代。"文字较多，恕不具载。

待他听到道安之住所后，就前去造访。刚一坐定，就自我介绍说："四海习凿齿。"道安答曰："弥天释道安。”当时的人都视此为名答。后来习凿齿用十只梨供养，正好遇上大众进食的时候，道安便亲自切梨分给众人，梨分完了，众人都得到一份，且各份分毫无差。郄超曾遣使送米千斛给道安，并写了一封长信，深致殷勤。道安复信答道：“让你布施了千斛米，更觉得有待之烦恼。”

习凿齿致书谢安，书云：“来这里见到释道安后，更觉他确实是非凡之道士。他有徒众数百，修持说法孜孜不倦。不曾用奇异道术以迷惑常人之耳目，无须以重威大势以震慑学人，而学僧十分敬重他，师徒关系极是融洽，教学井井有条，事业十分隆盛，这一切真是我从来之所未见。其人理怀简衷，博涉多闻，内外群书，多所读遍，阴阳历数，也都精通，佛经妙义，融会贯通，立义诠析有如法简法道，遗憾的是你未能一齐来见见他，他则常言及很想同你一叙。”其为时贤所重，可见一斑。

道安在樊沔（樊城、沔水）一带住了十五年，每年都讲《放光般若经》，不曾停止过。晋孝武帝很钦敬其风尚德操，遣使问候、致意。并下诏书曰：“道安法师道行高深，识见卓绝，风韵俊逸，神情标朗，居道训俗，成就卓著，不仅济度当今，而且利益来世，俸给一律同于王公，由所在之地供养。”

当时苻坚素闻道安之名，常说："襄阳有释道安，是一个大贤者，真想得到他，以辅助我治理国家。"后来派遣苻丕进攻襄阳，道安及朱序都被苻坚所掳获，苻坚对仆射权翼说："我以十万之军队攻取襄阳，只得到一人半。"权翼问："谁呢？"苻坚曰："道安一人，习凿齿半人。"道安被带到苻坚处后，住于长安五重寺，僧众数千，大弘佛法。

在魏晋时，沙门依师为姓，所以姓氏各不相同。道安认为，天下大师，皆本于释迦牟尼佛，乃以释为姓，故称释道安。后来发现在《增一阿含经》中，果然说四河（指古印度四条大河）归海，不再有河之名称；四姓（古印度四种种姓）为沙门，皆称释种。自此之后，沙门遂全以释为姓。

道安外涉群书，善于撰写文章，长安一些名门望族之喜爱诗赋者，都依附、赞颂他。当时蓝田县得到一个大鼎，可容纳二十七斛，旁边有篆铭，没有人能辨认，有人就把此篆铭呈以道安。道安曰："此乃古篆文，是鲁襄公所铸。"乃转写为隶文。

又有人拿一铜斛到市场上出售，其状呈圆形，下向为斗，横梁仰者为升，低者为合，梁一头为籥，籥同黄钟能容半合。旁边有篆文。苻坚就问道安，道安曰："此王莽自言出自舜，是用以统一天下量具的。"可见他之多闻博识。苻坚曾下敕，不论内外典籍，凡有疑问者，均可向道安请教，所以京都有这样一种说法：“不师事道安之学问，就不算高深之学问。”

起初，苻坚所承继的，是石氏之乱遗留下来的一个烂摊子，到后来已变成民众富足，四方安定，西并龟兹，东到沧海，南至襄阳，北到沙漠，只有建业一带，未能占领。苻坚每次与大臣谈话，都念念不忘要统一江东，以晋帝为仆射，以谢安为侍中。坚弟苻融及石越、原绍等，许多大臣都曾经竭力劝谏苻坚放弃统一江东的打算，但都不能改变他的主意。大家都认为道安为苻坚所敬重，就共同去请道安，曰：“现主上有征讨东南之意，你怎能不为苍生向主上进谏一言，让他不要征讨东南？”有一次，苻坚出游东苑，命令让道安与他同坐一部车。仆射权翼谏道：“臣闻天子法驾，应侍中陪乘，道安形容丑陋，岂可与皇上同坐！”苻坚勃然大怒，厉声说道：“安公道德极是令人尊崇，以天下来换他，我都不能同意，与他同坐所给他带来之荣耀，还远远不能与他之道德相称。”随即令仆射扶道安上车，登坐。

上车入坐不久，苻坚就对道安说：“我将与你一同南游吴越，率六师以巡猎，临会稽以观沧海，不亦乐乎？”

道安答道：“陛下应天命而治世，现有八州之富，居中土而制四海，应该栖神无为，与尧舜一样，德垂千古。如今你却用百万之师，求其下下之土。况且东南一带，地卑气厉，过去尧舜去而不返，秦王往而不归，以贫道观之，此举甚是不宜。平阳公懿戚、石越重臣，都认为征讨东南很不合适，你都加以拒绝了，贫道乃浅薄之辈，你也必定不以为然。因为承蒙皇上厚恩，故大胆赤诚进谏耳。”

苻坚曰：“并非因为那一带地不广，民不容易管治，主要是为了承天命，明大运，顺时巡猎，亦著于以前的典籍，若如你所言，则帝王无省方之文乎？”

道安曰：“如陛下一定要征讨东南，可先抵洛阳，蓄精养锐，致书江南，如其不服，再讨伐也不迟。”

苻坚不听劝告，乃遣平阳公融等率精锐之兵马二十五万为前锋，苻坚亲自率领步骑六十万。进至晋之边境，晋遣征虏将军谢石、徐州刺史谢玄拒之。苻坚的前军大败于八公山西，晋军向北追赶了三十多里，死者无数。平阳公融坐骑跌倒，被敌军斩去首级，苻坚自己则单骑逃脱，果然如同众人所劝谏和预料的那样。

道安经常译、注诸经，恐违背经义，乃立誓曰：“若所说的与经意相去不远，请显现瑞相。”乃梦见梵道人，头白眉毛长，对道安说：“你之所注经典，很合经意，我不曾入涅槃，住于西域，当相助你弘通佛法，可时时设食。”后来《十诵律》传至中土，慧远法师才知道道安所梦之梵道人乃宾头卢也。于是立座供食，设于各处。

道安之德操为四方僧众所景仰，其学更是三藏兼通，他把佛法仪轨分为三类：一是行香上经开讲之法；二是平常六时行道饮食唱时法；三是布萨（聚众说戒忏悔）等法。后来，天下寺院多仿效、依从之。道安常与弟子法遇等，在弥勒前立誓，愿死后往生兜率院。至苻秦建元二十一年（公元三八五年）正月二十七日，忽然有一形状甚为怪异、丑陋之僧人来其寺寄宿，由于寺房较狭窄，就让他住在讲堂。当时维那在殿上巡视，夜里看见那个僧人从窗户之隙缝中出入，就把此事告诉道安。道安大吃一惊，并迅即前去向那个僧人致意，并问他之来意。他答道：“是为你而来的。”道安曰：“我罪孽深重，岂可度脱？”那僧人说：“很可度脱，但必须沐浴才行。圣僧如果愿意，必定能得正果。”并当即向他示范沐浴之法。道安请问他自己来生之去处，他以手指西北，是时即见云开雾散，备见兜率妙胜之境。那天晚上，僧众数十人都亲睹这一胜境。后来，道安就准备浴具，见有非常小儿数十人入寺戏耍，他随即就浴，果然是圣应。到当年二月八日，他忽然告诉大众曰：“我应当到另一个世界去了。”就在那一天，他用斋过后，无疾而终，葬于城内五级寺中，那一年是晋太元十年（公元三八五年）。

道安入寂之前，隐士王嘉曾去看望、问候过他，道安对王嘉说：“人生与世事一样，都是变幻无常、稍纵即逝的，我们一块走吧！”王嘉道：“法师说得很对，你且先走一步，我因有债未了，不能与你同行。”到姚苌占领长安时，王嘉正在城内。姚苌与苻登对峙很久，有一次，姚苌问王嘉：“我当登上皇帝之宝座吗？”王嘉说：“略得。”姚苌大怒道：“当得就说得，何以言略呢！”就把王嘉杀掉了。这就是王嘉所说的未了之债。后来，姚苌去逝，其子姚兴杀登，姚兴字子略，即王嘉所说之略得也。

王嘉字子年，洛阳人。形貌甚丑陋，似先天不足，很滑稽，好谈笑，但不食五谷，清虚服气，许多人都师事之。问他有关善恶之事时，信口而答，语似谈笑，状如调戏，文辞若谶记，很难理解，但事过之后，却多应验。起初，养学徒于加眉谷中，苻坚遣大鸿胪征召之，不肯应召。待苻坚将征伐东南时派人去向王嘉询问此行之吉凶祸福，王嘉一无所言，而是骑上使者之马匹，向东行走数百步，帽鞋脱落，把衣服也都脱下扔掉，下马步行走了回来，表示苻坚寿春之败。其有先见之明，一至于此。等到姚苌杀害王嘉那一天，有人于陇上见到道安，乃致书给姚苌。道安之神通，多是此类情形。

当道安听说罗什在西域时，很想能与他一起讲解经论，常劝苻坚把他请来汉地。罗什亦对道安早有所闻，称他是东方圣人，遥望而礼敬之。道安生时，左臂有一块皮，长约一寸，附于臂上，摇它会上下摆动，当时的人都称他为印手菩萨。道安终后十六年，罗什才到长安，罗什因没能见道安而深感遗憾。

道安十分注重佛经之传译，志在弘扬佛法。所请之外国僧人僧伽提婆、昙摩难提及僧伽跋澄等，译出众经百余万言。常与法和一起，诠定音义，检核文旨，新译出之众经，纠正了以往译典中的许多错讹。

孙绰曾著《名德沙门论》，称："释道安博览群物，多才多艺，遍读经典，精通义理。"又赞颂道安曰："世间之物类众多，人才各异，而高僧道安，全都兼备精通。蜚声宇内，驰誉四海，形虽草化，犹如常在。"又有别记云："河北有竺道安，与释道安齐名。"谓习凿齿致书于竺道安。道安本随师姓，后改为释。世见其二姓，因而以为两个人，谬矣。

晋庐山释慧远

原典

释慧远，本姓贾氏，雁门楼烦[①]人也。弱而好书，珪璋[②]秀发。年十三，随舅令狐氏游学许、洛，故少为诸生，博综六经，尤善庄、老。性度弘伟，风鉴[③]朗拔，虽宿儒英达，莫不服其深致。年二十一，欲度江东，就范宣子共契嘉遁[④]，值石虎已死，中原寇乱，南路阻塞，志不获从。

时沙门释道安，立寺于太行恒山，弘赞像法，声甚著闻，远遂往归之。一面尽敬，以为真吾师也。后闻安讲《般若经》，豁然而悟，乃叹曰："儒道九流，皆糠秕耳。"便与弟慧持，投簪落发，委命受业。既入乎道，厉然不群，常欲总摄纲维，以大法为己任，精思讽持，以夜续昼。贫旅无资，缊纩[⑤]常阙，而昆弟[⑥]恪恭，终始不懈。有沙门昙翼，每给以灯烛之费，安公闻而喜曰："道士诚知人矣！"

远借慧解于前因，发胜心于旷劫，故能神明英越，机鉴遐深。安公常叹曰："使道流东国，其在远乎！"年二十四，便就讲说，尝有客听讲，难实相义，往复移时，弥增疑昧。远乃引《庄子》义为连类，于惑者晓然。是后，安公特听慧远不废俗书。安有弟子法遇、昙徽，皆风才照灼，志业清敏，并推服焉。后随安公南游樊、沔[7]。

伪秦建元九年，秦将苻丕寇并襄阳，道安为朱序所拘，不能得出，乃分张徒众，各随所之。临路，诸长德皆被诲约，远不蒙一言，远乃跪曰："独无训勖，惧非人例？"安曰："如汝者，岂复相忧？"远于是与弟子数十人，南适荆州，住上明寺，后欲往罗浮山，及届浔阳[8]，见庐峰清净，足以息心，始住龙泉精舍。此处去水本远，远乃以杖扣地曰："若此中可得栖止，当使朽壤抽泉。"言毕，清流涌出，浚矣成溪。其后少时，浔阳亢旱，远诣池侧，读《海龙王经》，忽有巨蛇从池上空，须臾大雨，岁以有年，因号精舍为龙泉寺焉。

时有沙门慧永，居在西林，与远同门旧好，遂要远同止。永谓刺史桓伊曰："远公方当弘道，今徒属已广，而来者方多，贫道所栖褊狭，不足相处，如何？"桓乃为远复于山东更立房殿，即东林是也。

远创造精舍，洞尽山美，却负香炉之峰，傍带瀑布之壑，仍石叠基，即松栽构，清泉环阶，白云满室。复于室内别置禅林，森树烟凝，石径苔合，凡在瞻履，皆神清而气肃焉。远闻天竺有佛影[9]，是佛昔化毒龙所留之影，在北天竺月氏国那竭呵城南，古仙人石室中住，道取流沙西一万五千八百五十里。每欣感交怀，志欲瞻睹。会有西域道士叙其光相，远乃背山临流，营筑龛室，妙算画工，淡彩图写，色疑积空，望似烟雾，晖相炳暖[⑩]，若隐而显。……

又昔浔阳陶侃经镇广州，有渔人于海中见神光，每夕艳发，经旬弥盛，怪以白侃。侃往详视，乃是阿育王像。即接归，以送武昌寒溪寺。寺主僧珍尝往夏口，夜梦寺遭火，而此像屋独有龙神围绕，珍觉驰还寺。寺即焚尽，唯像屋存焉。

侃后移镇，以像有威灵，遣使迎接，数十人轝[⑪]之至水，及上船，船又覆没。使者惧而返之，竟不能获。侃幼出雄武，素薄信情，故荆楚之间为之谣曰："陶惟剑雄，像以神标，云翔沉宿，邈何遥遥，可以诚致，难以力招。"及远创寺既成，祈心奉请，乃飘然自轻，往还无梗，方知远之神感，证在风谣矣。于是率众行道，昏晓不绝，释迦余化，于斯复兴。

既而谨律息心之士，绝尘清信之宾，并不期而至，望风遥集。彭城刘遗民、豫章雷次宗、雁门周续之、新蔡毕颖之、南阳宗炳、张莱民、张季硕等，并弃世遗荣，依远游止。远乃于精舍无量寿像前，建斋立誓，共期西方。……

远神韵严肃，容止方棱，凡预瞻睹，莫不心形战栗。曾有一沙门，持竹如意，欲以奉献，入山信宿，竟不敢陈，窃留席隅，默然而去。

有慧义法师，强正不惮，将欲造山。谓远弟子慧宝曰："诸君庸才，望风推服，今试观我如何。"至山，值远讲《法华》，每欲难问，辄心悸流汗，竟不敢语。出谓慧宝曰："此公定可讶。"其伏物盖众如此。

殷仲堪至荆州，过山展敬，与远共临北涧，论《易》体要，移景不倦，既而叹曰："识信深明，实难庶几。"司徒王谧、护军王默等，并钦慕风德，遥致师敬。谧修书曰："年始四十，而衰同耳顺。"远答曰："古人不爱尺璧，而重寸阴，观其所存，似不在长年耳。檀越既履顺而游性，乘佛理以御心，因此而推，复何羡于遐龄耶？聊想斯理，久已得之，为复酬来信耳！"

卢循初下据江州城，入山诣远。远少与循父嘏同为书生，及见循欢然道旧，因朝夕音介。僧有谏远者曰："循为国寇，与之交厚，得不疑乎？"远曰："我佛法中情无取舍，岂不为识者所察！此不足惧。"及宋武追讨卢循，设帐桑尾，左右曰："远公素主庐山，与循交厚。"宋武曰："远公世表之人，必无彼此。"乃遣使赍书致敬，并遗钱米。于是远近方服其明见。

初，经流江东，多有未备，禅法无闻，律藏残阙。

远慨其道缺，乃令弟子法净、法领等，远寻众经。逾越沙雪，旷岁方反。皆获梵本，得以传译。昔安法师在关，请昙摩难提出《阿毗昙心》，其人未善晋言，颇多疑滞。后有罽宾沙门僧迦提婆，博识众典，以晋太元十六年，来至浔阳，远请重译《阿毗昙心》，及《三法度论》，于是二学乃兴。并制序标宗，贻于学者。孜孜为道，务在弘法。每逢西域一宾，辄恳恻谘访。闻罗什入关，即遣书通好。……

后有弗若多罗，来适关中，诵出《十诵》梵本，罗什译为晋文，三分始二，而多罗弃世，远常慨其未备。及闻昙摩流支入秦，复善诵此部，乃遣弟子昙邕致书祈请，令于关中更出余分。故《十诵》一部具足无阙，晋地获本，相传至今。葱外妙典，关中胜说，所以来集兹土者，远之力也。外国众僧，咸称汉地有大乘道士，每至烧香礼拜，辄东向稽首，献心庐岳。其神理之迹，故未可测也。

先是中土未有泥洹常住之说，但言寿命长远而已，远乃叹曰："佛是至极则无变，无变之理，岂有穷耶？"因著《法性论》曰："至极以不变为性，得性以体极为宗。"罗什见论而叹曰："边国人未有经，便暗与理合，岂不妙哉？"秦主姚兴钦风名德，叹其才思，致书殷勤，信饷连接，赠以龟兹国细缕杂变像，以伸款心。又令姚嵩献其珠像。

《释论》新出，兴送论并遗书曰："《大智论》新译讫。此既龙树所作，又是方等指归，宜为一序，以伸作者之意。然此诸道士，咸相推谢，无敢动手，法师可为作序，以贻后之学者。"远答云："欲令作《大智论》序，以伸作者之意，贫道闻：怀大非小褚所容，汲深非短绠所测，披省之日，有愧高命。又体羸多疾，触事有废，不复属意已来，其日亦久。缘告之重，辄粗缀所怀。至于研究之美，当复寄诸明德！"其名高远固如此。

远常谓："《大智论》，文句繁广，初学难寻。"乃抄其要文，撰为二十卷，序致渊雅，使夫学者息过半之功矣。

后桓玄征殷仲堪，军经庐山。要远出虎溪，远称疾不堪，玄自入山，左右谓玄曰："昔殷仲堪入山礼远，愿公勿敬之。"玄答："何有此理！仲堪本死人耳。"及至见远，不觉致敬。玄问："不敢毁伤，何以剪削？"远答云："立身行道。"玄称善。所怀问难，不敢复言。乃说征讨之意，远不答。玄又问："何以见愿？"远云："愿檀越安隐，使彼亦复无他。"

玄出山，谓左右曰："实乃生所未见。"玄复以震主之威，苦相延致，乃贻书骋说，劝令登仕。远答辞坚正，确乎不拔，志逾丹石，终莫能回。

俄而玄欲沙汰众僧，教僚属曰："沙门有能伸述经诰，畅说义理，或禁行循整，足以宣寄大化，其有违于此者，悉皆罢道。唯庐山道德所居，不在搜简之例。"

远与玄书曰："佛教陵迟，秽杂日久，每一寻至，慨恨盈怀。常恐运出非意，沦滑将及。窃见清澄诸道人，教实应其本心。夫泾以渭分，则清浊殊势；枉以直正，则不仁自远。此命既行，必二理斯得，然后令饰伪者绝通假之路，怀真者无负俗之嫌。道世交兴，三宝复隆矣。"因广玄条制。玄从之。

昔成帝幼冲，庾冰辅政，以为沙门应敬王者。尚书令何充、仆射褚翌、诸葛恢等，奏不应敬礼，官议悉同充等，门下承冰旨为驳。同异纷然，竟莫能定。及玄在姑熟[12]，欲令尽敬，乃与远书曰："沙门不敬王者，既是情所不了，于理又是所未喻。一代大事，不可令其体不允。近与八座[13]书，今以呈君，君可述所以不敬意也。此便当行行之事一二，令详遣想，必有释其所疑耳。"

远答书曰："夫称沙门者何耶？谓能发蒙俗之幽昏，启化表之玄路。方将以兼忘之道，与天下同往。使希高者挹其遗风，漱流者味其余津。若然，虽大业未就，观其超步之迹，所悟固已弘矣。又袈裟非朝宗之服，钵盂非廊庙之器。沙门尘外之人，不应致敬王者。"玄虽苟执先志，耻即外从，而睹远辞旨，趑趄未决。

有顷，玄篡位，即下书曰："佛法宏大，所不能测；推奉主之情，故兴其敬。今事既在已，宜尽谦光，诸道人勿复致礼也。"

远乃著《沙门不敬王者论》凡有五篇：

一曰在家奉法，则是顺化之民，情未变俗，迹同方内，故有天属之爱，奉主之礼，礼敬有本，遂因之以成教。

二曰出家者，能遁世以求其志，变俗以达其道。变俗则服章不得与世典同礼，遁世则宜高尚其迹，夫然故能拯溺俗于沉流，拔玄根于重劫，远通三乘之津，近开人天之路。如令一夫全德，则道洽六亲，泽流天下。虽不处王侯之位，固已协契皇极，在宥生民矣。是故内乖天属之重而不违其孝，外阙奉主之恭而不失其敬也。

三曰求宗不顺化。谓反本求宗者，不以生累其神；超落尘封者，不以情累其生。不以情累其生，则其生可灭；不以生累其神，则其神可冥。冥神绝境，故谓之泥洹。故沙门虽抗礼万乘，高尚其事；不爵王侯，而沾其惠者也。

四曰体极不兼应。谓如来之与周孔，发致虽殊，潜相影响；出处或异，终期必同。故虽曰道殊，所归一也。不兼应者，物不能兼爱也。

五曰形尽神不灭。谓神识驰骛，随行东西也。此是论之大意。自是沙门得全方外之迹矣。

及桓玄西奔，晋安帝自江陵旋于京师，辅国何无忌劝远候迎，远称疾不行。帝遣使劳问，远修书曰："释慧远顿首：阳月和暖，愿御膳顺宜！贫道先婴疾，年衰益甚，猥蒙慈诏，曲垂光慰，感惧之深，实百于怀！幸遇庆会，而形不自运，此情此慨，良无以喻！"

诏答："阳中感怀，知所患未佳，甚情耿！去月发江陵，在道多诸恶情，迟兼常，本冀经过相见。法师既养素山林，又所患未痊，邈无复因，增其叹恨！"

陈郡谢灵运负才傲俗，少所推崇，及一相见，肃然心服。远内通佛理，外善群书，夫预学徒，莫不依拟。时远讲《丧服经》，雷次宗、宗炳等，并执卷承旨。次宗后别著义疏，首称雷氏。宗炳因寄书嘲之曰："昔与足下共于远和尚间面受此义，今便题卷首称雷氏乎？"其化兼道俗斯类非一。

自远卜居庐阜三十余年，影不出山，迹不入俗，每送客游履，常以虎溪为界焉。

以晋义熙十二年八月初动散，至六日困笃。大德耆年，皆稽颡请饮豉酒，不许。又请饮米汁，不许。又请以蜜和水为浆，乃命律师，令披卷寻文，得饮与不？卷未半而终，春秋八十三矣。门徒号恸，若丧考妣，道俗奔赴，踵继肩随。远以凡夫之情难割，乃制七日展哀。遗命使露骸松下，既而弟子收葬。浔阳太守阮侃于山西岭凿圹开冢。谢灵运为造碑文，铭其遗德。南阳宗炳又立碑寺门。

初远善属文章，辞气清雅，席上谈吐，精义简要。加以容仪端庄，风彩洒落，故图像于寺，遐迩式瞻。所著论、序、铭、赞、诗、书，集为十卷，五十余篇，见重于世焉。

注释

①**雁门楼烦：**雁门，古郡名，在山西西北部；楼烦，古县名，在今山西宁武附近。

②**珪璋：**珪与璋均为朝会所执之玉器，此指美德。如《文选·魏文帝与钟大理书》云："良玉比德君子，珪璋见美诗人。"

③**风鉴：**指风度识见。

④**嘉遁：**语出《周易·遁卦》："嘉遁（遁）贞吉。"此处指合于正道之隐遁潜修。

⑤**缊纩：**《礼记·玉藻》曰："纩为茧，缊为袍。"此处指破衲衣。

⑥**昆弟：**亦作为"罤弟"，即兄和弟。

⑦**樊、沔：**樊即今湖北襄阳市樊城；沔即沔州，在今湖北省汉川东南。

⑧**浔阳：**古县名，在今江西九江市。

⑨**佛影：**为古印度著名圣地，位于北印度那揭陀国阿那斯山岩之南。相传佛陀曾于此石窟度化毒龙，因龙王至诚劝请，佛陀遂于窟中作十八变，踊身入石，犹如明镜。远望佛金身完好，色相炳然，近观则冥然不见。以手触之，则唯徒四壁。后诸天皆来供养佛影，佛影亦为其说法。

⑩**暧：**隐蔽、昏暗之意。

⑪**轝：**同“舆”。

⑫**姑熟：**又作姑孰，因该城临姑孰溪而得名，位于今安徽当涂。

⑬**八座：**汉至唐代一般以尚书令、仆射、五曹或六曹（部）尚书为八座，清代则用以称呼六部尚书。

译文

释慧远，俗姓贾，雁门楼烦（今山西宁武）人。幼年时好读诗书，颇有美德。十三岁时，随舅舅游学许昌、洛阳一带。所以，慧远其人，年少时即是儒生，博览六经，尤其擅长老庄学说。生性开朗，风神俊逸，即使是宿儒贤达，都很佩服其思想之细密、深邃。二十一岁时，欲往江东，从范宣子一起隐遁潜修，正好碰上石虎去世，中原大乱，往南的道路多被阻塞，其从范宣子隐遁之愿望遂没能实现。

当时沙门释道安，在太行山、恒山建立寺院，弘扬佛法，声名远扬，就往太行山师事道安。见面一谈，对道安极是崇敬，以为自己真是找到一个好老师。后来听道安讲《般若经》，豁然而悟，乃慨叹道："儒道九流，与佛教相比，都是秕糠而已。"遂与弟弟慧持接受剃度，落发为僧，从道安受学。入道之后，独立不群，常欲总摄佛法纲要，以弘扬佛教为己任，专心研读，夜以继日。为贫所困，衣食常缺。兄弟二人，坚持不懈。当时有比丘昙翼，常常供给他们灯烛之费用，道安得悉后十分高兴地说："道士真是能关心、体谅人啊！"

慧远凭借着先天之聪慧，发殊胜之心愿于未来，故能神明朗彻、道慧深远。道安经常赞叹道："能使佛法在东土流传、弘扬，将来必定靠慧远了！"二十四岁时就登座讲经，曾经有听众以实相、义相诘难，双方往复论辩，越辩越觉得艰深晦涩，不易理解。慧远就引用《庄子》的思想来解释，连那些本来被弄得糊里糊涂的人，也一下子都明白了。此后，道安特别允许慧远讲解佛经时可以引用俗典。道安有弟子法遇、昙徽，都是出类拔萃之辈，也都十分推崇他。后来，慧远随道安南游樊城、沔水一带。

苻秦建元九年（公元三七三年），秦将苻丕进攻襄阳，道安被晋将朱序拘禁，不得出城，乃分散学徒，让他们各奔东西。大家就要离散之时，诸僧众都得到道安教诲、寄言，对慧远却没说半句。慧远乃跪而说道："唯我独无教示，是否认为我不堪造就？"道安曰："像你这样聪明机敏之人，还用得着我担忧吗？"于是慧远与弟子数十人，南往荆州，住于上明寺，后来欲往广东罗浮山，经九江庐山时，见庐峰清静，足以息心修行，就先住在龙泉精舍。这个地方本来离水源很远，慧远乃用手杖扣地，曰："若可以在这里栖息，请让腐土出泉。"言毕，清泉直涌，竟成溪流。后来，九江一带大旱，慧远走到水池旁边，读诵《海龙王经》，忽然有巨蛇从池里直飞上天，片刻之后，则大雨滂沱，因称该精舍为龙泉寺。

当时有沙门慧永，住在西林，为慧远的同门故友，请求慧远与他住到一起。慧永对刺史桓伊曰："远公现正是弘扬佛法之时，徒众已经不少，而前来拜他为师的人又日渐增多，贫道所居之处甚是偏窄，眼看已经容纳不下，你看如何是好？"桓伊乃于山之东面地再建立房舍、殿堂，即现今之东林寺也。

慧远创建精舍，尽揽庐山之美，背负香炉之峰，傍带瀑布之壑，铺石垒基，栽松种竹，清泉环绕，白云满寺。又于寺里别置禅林，树木茂密，满径青苔，凡到此地瞻仰者，都顿感神清而气爽，肃然而生敬。他听说印度有佛影，是过去佛陀度化毒龙时所留下之影子，在今北印度月氏国那竭呵城南之古仙人石室中，即在流沙以西一万五千八百五十里处。慧远每念及此，常感慨满怀，欲往观瞻。正好有西域道士（即佛驮跋多罗）详尽描述了该佛影之情景，慧远就背山临溪，建造龛室，请一流的画工，用淡彩图绘，若有若无，远望有如烟雾。慧远乃著《佛影铭》。……

又，过去浔阳陶侃去镇守广州，有渔夫于海上见有神光，每天夜里发亮，经过一段时间后，愈益炽盛，大家都感到十分奇怪并报告陶侃。陶侃亲自前往察看，乃是阿育王像。就把他接回并送至武昌寒溪寺。寒溪寺寺主僧珍在夏口住时，夜里梦见寒溪遭火灾，而存放阿育王像的那个房间四周有龙神围绕。僧珍醒后赶快回到寺里，寺院已经被毁了，只有那间放佛像的房间独存。

陶侃后来迁任他处，以佛像有灵，遣使迎接，几十人把它抬到水边，一抬上船，船即覆没。使者惶恐而回，终于不能得到它。陶侃年幼时威武雄壮，但向来不甚敬信佛法。故荆州一带有民谣曰：“陶侃只是一武夫，阿育王像神圣物，神像可以诚相感，不可凭力强索要。”到了慧远的寺院建成后，诚心奉请，过渡时该像却变得很轻，来往自如，方知远方神感，应验民谣。于是率众行道，前去烧香礼拜者早晚不绝，释迦牟尼佛之教化，重得弘扬。

后来，一些守律严谨、决意息心修行者，相继而来，欲远离尘俗之士，接踵而至，如彭城刘遗民、豫章雷次宗、雁门周续之、新蔡毕颖之、南阳宗炳、张莱民、张季硕等，并离世弃荣，从慧远受学或与之相交游。慧远乃于精舍无量寿佛像前，建斋立誓，共同发愿死后往生西方。……

慧远神韵严肃，容止庄重，所以凡欲瞻睹其人者，全都颇为敬畏。曾有一沙门，持竹如意，欲奉献给慧远，入山连宿二夜，竟不敢把竹如意献上，后来偷偷地把它放在一个角落里，悄然离去。

另有一慧义法师，平日无所畏惧，准备入山造访。他对慧远的弟子慧宝曰：“诸君多属庸才，都被远法师之风韵所震慑，这次你看看我的。”到了山上，正值慧远开席讲《法华经》，他多次想问难，都紧张得直流冷汗，不敢开口。出来之后对慧宝说：“此公着实庄严得令人敬畏。”其伏物盖众，一至于此。

殷仲堪去荆州，途经庐山时前往致敬，与慧远一起行至北涧，谈论《周易》之体要，谈了很长时间了但不觉得疲倦，之后赞叹道："识见卓越深邃，实难望其项背。"司徒王谧、护军王默，都十分钦慕其风德，遥致师礼。王谧致书曰："年刚四十，而老成若耳顺之年。"慧远答曰："古人不爱尺璧而重寸阴，评判一个人，似不在是否年长。施主既履顺而适性，乘佛理以御心，由此看来，又何必欣羡于长龄呢？聊想此理，久已得之，为的是答复来信而已。"

卢循刚到江州城时，便入山拜访慧远。慧远少年时曾与卢循之父卢嘏同为书生，见到卢循后欣然叙起旧情。有僧人规谏慧远曰："卢循乃国之寇贼，与之交游叙旧，弄得不好会惹来麻烦。"慧远道："我佛法中情无取舍，难道有识见者不懂得这一点吗！不足惧也。"及宋帝追讨卢循，驻军于桑尾，左右曰："慧远向来住持庐山，与卢循交情甚厚。"宋武曰："远公乃世之师表，必无彼此之分。"乃遣使致书礼敬，并送去钱米等物品。于是远近之人，全叹服其识见。

起初，佛经刚流传江东，多未完备，至于禅法，更少有所闻，而律藏则更为残缺，慧远对此很有感慨，乃令弟子法净、法领等，到各处去寻求众经。穿越沙漠，旷年方返。都寻得梵本，得以传译。过去道安法师在关中，请昙摩难提译出《阿毗昙心》，因其人未善汉语，译文颇多疑滞。后来罽宾沙门僧迦提婆，博识众典，于晋太元十六年（公元三三九年），来到浔阳，慧远法师请他重译《阿毗昙心》及《三法度论》，于是二学乃兴。慧远还亲为写序标宗，留给后来学者。他孜孜于道，务在弘法。每当西域来一僧人，则殷勤谘询请益。听到罗什入关，即致书通好。……

后来弗若多罗来到关中，诵出《十诵律》梵本，罗什译为汉文，三分只得其二，而多罗去世。慧远常叹其未尽完备。等到听说昙摩流支入秦，而其人又善诵此部，就派遣弟子昙邕致书祈请，令于关中再译出其余部分。遂使《十诵律》一部完整无缺，流传至今。西域妙典，关中胜说，所以来集江南，慧远之力也。外国众僧，都称汉地有大乘道士，每次至汉地烧香礼拜时，就向东稽首，礼敬庐岳。其神理之迹，故未可测也。

起初，中土没有涅槃常住之说，只讲寿命长远而已，慧远乃叹道："佛是至极（即最高之境界，如涅槃）则无变，无变之理，岂有穷尽之时？"乃著《法性论》，曰："至极以不变为性，得性以体极（即体证佛性）为宗。"罗什读到慧远此论之后对他大表赞叹，曰："边国人（即指中土人士）未有此类经典，思想便能与之遥相契合，岂不妙哉？"后秦国主姚兴钦敬慧远之风名德操，赞叹其才学出众，思想深邃，殷勤致书，接连资给财物，赠予龟兹国细镂杂变像。又令姚嵩奉献念珠佛像等物。

《释论》译出后，姚兴把论送与慧远，并致书曰："《大智度论》新译刚完成，此论既是龙树所作，又是大乘经典思想之所归趣，请能为之撰写一序，以伸述作者之意。但此间诸道士，全相互推辞，没人敢动手，法师德高望重，请勿推辞，以便留给后来的学者。"慧远复信答云："欲令作《大智度论》序，以伸作者之意，贫道曾闻：高大之身材非是狭小之服装所能包容，汲深井的水不是短绳索所可胜任的，思想再三，有愧嘱咐撰序之高命。加之，近来体弱多病，诸事多所荒废，不再留意于学问，也由来已久。只因嘱托郑重，聊余管见为之序。至于研究之美，则有俟方家大德。"其名望之大，可见一斑。

慧远常说："《大智度论》文句繁广，初学者往往无从下手。"乃撮其精要，编为二十卷，并为之撰写了深入浅出的序言，使学者事半而功倍。

后来，桓玄征讨殷仲堪，军队经过庐山。桓玄要慧远过虎溪迎接，慧远称疾不宜远出，桓玄就自己入山，左右对桓玄说："过去殷仲堪曾入山礼敬慧远，你不必再去向他致敬。"桓玄答道："岂有此理！殷仲堪已如同死人，何必与之相提并论。"等他见到慧远后，则不由自己地向他致敬。桓玄问慧远："儒家有言，身体发肤，受之父母，不敢损伤，今你因何剪发去须？"慧远答道："立身行道。"桓玄称善。桓玄本来欲对慧远有诸多问难，届时则都不敢再问。乃语及征讨殷仲堪之事，慧远悉不作答。桓玄又问："你对此事有何祝愿？"慧远曰："愿施主平安无事，愿殷仲堪也能如此。"

桓玄出山，对左右说："此公实我平生所未见。"后来，桓玄又凭借着震主之威势，屡屡致书慧远，请他出山入仕，慧远坚决予以拒绝，始终不改初衷。

不久，桓玄欲沙汰僧尼，对僚属说："沙门有能伸述经诰，畅说义理，或戒行精进，足以宣扬大法者除外，其余僧尼，悉皆令其罢道还俗。只有庐山慧远，德高望重，不在搜简之列。"

慧远致书桓玄，曰："佛教陵迟，污秽混杂其间，由来已久，每念及此，感慨万端。常恐厄运忽然而至，殃及正法。私下以为澄清诸道人，教实应其本心。本来，泾与渭相形而观，则清浊自见；曲能以直为准绳，则不仁之人自远。此命令一下达，则二理均得，必令那些矫伪之徒无处藏身，使那些道德纯正者免去负俗之嫌。僧俗二界都很高兴，三宝又得兴隆。"遂进一步补充桓玄所定条制，桓玄皆遵从之。

昔日，成帝年纪尚少，庾冰辅助朝政，认为应当礼敬帝王。尚书何充、仆射褚翌、诸葛恢等，奏请沙门不应致敬，很多官员都赞同何充的意见，但有人以庾冰的说法为是。意见纷纭，一时很难决定。而桓玄在姑孰，欲令沙门应致敬帝王，乃致书慧远，曰："沙门不向帝王致敬，非但不尽人情，而且不合礼教。一代大事，不可使其事体不完备。最近给八座的一封信，现呈上，你可说明沙门所以不应致敬的理由。请你详加考虑，也许有能使大家信服的道理。"

慧远回信答复道："所谓沙门者，何也？亦即能振发蒙昧，启化玄路。广开兼忘之路，与天下同往。使得希高者仰其遗风，喜清流者受其滋润。若能如此，即使大业未成，观仰其超尘之迹，所悟也很恢宏。又，袈裟非朝廷官服，钵盂非廊庙之器，沙门超尘远俗，不应致敬王者。"桓玄虽然固执先前之见，又耻于屈从出家人意见，而通观慧远书信所言，又不无道理，故一时犹豫不决。

不久桓玄篡位，就下诏书曰："佛法宏大，为世俗所不能测；推奉主之情，故有致敬之设。今天下已定，应各尽谦光，诸道人不必再致敬帝王。"

慧远乃著《沙门不敬王者论》五篇：

一曰在家奉法，则是顺化之民，情未变俗，迹同世人，故有天属之爱，奉主之礼，此种礼敬由来已久，遂因循之。

二曰出家。所谓出家者，则能够遁世以求其志，变俗以达其道。变俗则服饰、礼制与世俗不同，离世则应该高尚其迹，这样才能拯世俗于沉流，拔玄根于重劫，远通三乘之津，近开人天之路。如果能令一人全德，则道化洽及六亲，恩泽流遍天下。虽然不处王侯之位，但仍有助王业，有益教化。所以，虽然有所违背世俗之礼敬但不失其孝道，有所背离世俗事君之道但不失其礼敬。

三曰求宗不顺化。此谓反本求宗者，不以生命累其精神；超离尘世者，不以世情累其生命。不以世情累其生命，则其生可灭；不以生命累其精神，则其神可冥寂。精神冥寂，离尘绝境，这就是作为佛教最高境界的涅槃。所以沙门虽然不致敬帝王，但高尚其事业；虽不受王侯之爵禄，但能使之受惠。

四曰体极（即体证佛性）不兼应。此谓如来之与周孔，行事表现虽多有不同，但最终目标却是一样，此可谓殊途同归。所谓不兼应者，即是物不能兼爱。

五曰形尽神不灭。此谓神识远驰，四处遨游。此是论之大意。自此之后，沙门遂可不致拜君王。

后来，桓玄西奔，晋安帝自江陵返回京都，辅国何无忌劝慧远出山迎接，慧远仍称疾不出。晋安帝遣使慰劳、致意，慧远上书曰："释慧远顿首，眼下春日和暖，龙体康泰。贫道早年多病，晚年更甚，承蒙慈诏，厚加抚爱，感激至深，永生难忘。幸遇庆会，而自薄命不能赴会，此遗憾、感慨之情，诚难以言状！"

晋安帝遂下诏曰："春日感怀，知玉体欠安，甚是挂念。以前去江陵时，路上很不安定，就想途经庐山时顺道与你相会。既然法师息心养志于山林之中，又适逢患疾未愈，此次又没能相会，实令惋惜感叹。"

陈郡谢灵运才高气傲，年少时就很推崇慧远，及相见之后，更肃然叹服。慧远内通佛理，外善群书，那些欲从之受学者，无不十分崇敬他。当慧远讲解《丧服经》时，雷次宗、宗炳等，都执卷聆听。雷次宗后来另著义疏，首称雷氏。宗炳因寄书嘲笑他道："过去与你一起于远和尚处聆听此经，现在你就在所写的书首赫然题上雷氏乎？"其化兼道俗二界，多类此。

慧远隐居庐岳三十多年，影不出山，迹不入俗，每于送客游览，最远不超过虎溪。

晋义熙十二年（公元四一六年）八月初患疾，至六日病重垂危，诸大德长老，皆跪请慧远饮药酒，慧远不同意，又请他饮汤，也不同意，又请蜜水，才令律师翻阅经典，看是否可饮。经典未翻完即已入灭，世寿八十三。门徒悲号，如丧考妣。僧俗二界都争相奔丧，络绎不绝。慧远以凡夫之情难以割舍，乃制定七日哀期，遗嘱死后露骸松下，后来弟子们才加以收葬。浔阳太守阮侃于山西岭上凿窟筑坟。谢灵运为写碑文，铭其遗德，南阳宗炳又立碑寺门。

原来，慧远擅长撰文，谈吐清雅，言简意赅。加之容仪端庄，风采俊逸，故把其像图绘于寺里后，远近之人都前去瞻仰。其所撰论、序、铭、赞、诗、书等，集为十卷，五十余篇，为后世之所尊崇、推重。

晋彭城郡释道融

原典

释道融，汲郡林虑[①]人，十二出家。厥师爱其神彩，先令外学，往村借《论语》，竟不赍归，于彼已诵。师更借本覆之，不遗一字，既嗟而异之，于是恣其游学。

迄至立年，才解英绝，内外经书，暗游心府。闻罗什在关，故往谘禀。什见而奇之，谓姚兴曰："昨见融公，复是大奇聪明释子。"兴引见叹重，敕入逍遥园，参正详译。因请什出《菩萨戒本》，今行于世。后译《中论》，始得两卷，融便就讲，剖析文言，预贯终始。什又命融令讲新《法华》，什自听之，乃叹曰："佛法之兴，融其人也。"

俄而师子国有一婆罗门，聪辩多学，西土俗书，罕不披诵，为彼国外道之宗。闻什在关大行佛法，乃谓其徒曰："宁可使释氏之风，独传震旦，而吾等正化不洽东国？"遂乘驼负书来入长安。姚兴见其口眼便辟[②]，颇亦惑之。婆罗门乃启兴曰："至道无方，各遵其事。今请与秦僧捔其辩力，随有优者，即传其化。"兴即许焉。时关中僧众，相视缺然，莫敢当者。什谓融曰："此外道聪明殊人，捔言必胜，使无上大道，在吾徒而屈，良可悲矣！若使外道得志，则法轮摧轴，岂可然乎？如吾所睹，在君一人。"

融自顾才力不减，而外道经书未尽披读，乃密令人写婆罗门所读经目，一披即诵。后克日论义，姚兴自出，公卿皆会阙下，关中僧众四远必集。融与婆罗门拟相酬抗，锋辩飞玄，彼所不及。婆罗门自知辞理已屈，犹以广读为夸。融乃列其所读书，并秦地经史，名目卷部三倍多之。什因嘲之曰："君不闻大秦广学，那忽轻尔远来。"婆罗门心愧悔伏，顶礼融足。旬日之中，无何而去。像运再兴，融之力也。

融后还彭城，常讲说相续，闻道至者千有余人，依随门徒数盈三百。性不狎③諠，常登楼披玩，殷勤善诱，毕命弘法。后卒于彭城，春秋七十四矣。所著《法华》《大品》《金光明》《十地》《维摩》等义疏，并行于世矣。

注释

①**汲郡林虑：**位于今河南汲县西南。

②**辟：**通"僻"，偏颇、不实在之意。《论语·先

进》云："柴（子羔）也愚，参（曾参）也鲁，师（子张）也辟。"《集注》注曰："辟，便辟也，谓习于容止，少诚实也。"

③**狎**：轻忽、轻浮之意；亦释为喜欢、亲近。

译文

释道融，汲郡林虑（今河南汲县）人，十二岁出家。其师爱其神俊，先令他学外典，到村里去借《论语》，竟没把书带回来，已经在那里背熟了。其师又拿了本《论语》，把书合上，让他背诵，居然一字不漏，对他甚表惊异和赞叹，于是让他随意游学。

到了而立之年，才解英绝，内外经书都谙熟、精通。听说罗什在关中，就投学于罗什。罗什见后，叹为奇异，对姚兴说："昨日见到道融，煞是聪明释子。"姚兴见后，也深表赞叹，敕住入逍遥园，参加罗什之译经。就请罗什译出《菩萨戒本》，今流行于世。后译《中论》，开始时只译成二卷，道融便加以讲解，剖析文言，贯通始末。罗什又令道融讲解新译《法华经》，罗什亲自听他讲解，过后赞叹道："大兴佛法者，道融其人也。"

不久，狮子国（今斯里兰卡）有一婆罗门，多才博学，擅长论辩，印度之俗书，无不研读，为该国外道之宗师。听说罗什在长安弘扬佛法，就对其徒众说：“难道可以使佛教独振于中土，而我们教化却不能流传东国吗？”于是乘骆驼驮着书籍来到长安。姚兴见其形状怪异，就不太喜欢他，但也颇感其人奇异。那个婆罗门就对姚兴说：“至道无所局限，各为其道遵其事，今欲请与秦僧论辩，优胜者，即让其道流传。”姚兴答应了他。当时关中僧众，面面相觑，没有敢于出来应对者。罗什就对道融说：“此外道聪明绝顶，论辩又是他之所长，因此，若进行论辩，此人必胜，佛法就葬丧在我们这些人手里，岂不悲哉！如果真是这样，那我们就愧对佛陀了。依我看来，现在只有你一人能够同他较量。”

道融自认为才力并非不如他，但外道之书自己还未尽，就令人暗中传写婆罗门所读之经典目录，一读就能背诵。过几天就同那外道论辩，姚兴亲自参加，众王公大臣也都与会，关中众僧，不论远近，都前来参加集会。道融与婆罗门相互论难，辩锋迭起，许多玄理大义均是婆罗门之所不及。婆罗门自感理屈辞穷，就以自己之广读博览来炫耀。道融就罗列其所读之书，并指出汉地经史典籍，乃其所读典籍三倍之多。罗什因而嘲笑他道：“你不知道中土经典浩翰，博大精深，并非欺负你远道而来。”婆罗门自愧不如，深表懊悔，顶礼便拜，没几天，就不知道跑到哪里去了。佛法免遭厄运而得再次兴隆，道融其力也。

后来，道融回彭城，说法不辍，闻道者一千多人，皈依随从之门徒，超过三百。其秉性喜幽静，常自登楼研读经典，殷勤善诱，终生弘法不已。后卒于彭城，世寿七十四。所著《法华》《大品》《金光明》《十地》《维摩》等义疏，并流传于世。

晋长安释僧睿

原典

释僧睿，魏郡长乐[①]人也。少乐出家，至年十八，始获从志，依投僧贤法师为弟子。谦虚内敏，学与时竞。至年二十二，博通经论，尝听僧朗法师讲《放光经》，屡有讥难。朗与贤有濠上之契[②]，谓贤曰："睿比格难，吾累思不能通，可谓贤贤弟子也。"

至年二十四，游历名邦，处处讲说，知音之士，负帙成群。常叹曰："经法虽少，足识因果。禅法未传，厝[③]心无地。"什后至关，因请出《禅法要》三卷。始是鸠摩罗陀所制，末是马鸣所说，中间是外国诸圣共造，亦称菩萨禅。睿既获之，日夜修习，遂精练五门[④]，善入六静[⑤]。伪司徒公姚嵩，深相礼贵。

姚兴问嵩："睿公何如？"嵩答："实邺卫[⑥]之松柏。"兴敕见之，公卿皆集，欲观其才器。睿风韵洼隆[⑦]，含吐彬蔚，兴大赏悦，即敕给俸恤吏力人舆。兴后谓嵩曰："乃四海之标领，何独邺卫之松柏！"于是美声遐布，远近归德。什所翻经，睿并参正。

昔竺法护出《正法华经·受决品》云："天见人，

人见天。”什译经至此，乃言曰：“此语与西域义同，但在言过质。”睿曰：“将非人天交接，两得相见。”什喜曰：“实然。”其领悟标出，皆此类也。

后出《成实论》，令睿讲之。什谓睿曰：“此诤论中，有七处文破毗昙，而在言小隐，若能不问而解，可谓英才。”至睿启发幽微，果不谘什，而契然悬会。什叹曰：“吾传译经论，得与子相值，真无所恨矣。”

著《大智论》《十二门论》《中论》等序，并注大、小品、《法华》《维摩》《思益》《自在王》《禅经》等序，皆传于世。

初睿善摄威仪，弘赞经法。常回此诸业，愿生安养，每行住坐卧，不敢正背西方。后自知命尽，忽集僧告别，乃谓众曰：“平生誓愿，愿生西方。如睿所见，或当得往。未知定免狐疑城不。但身口意业，或相违犯，愿施以大慈，为永劫法朋也。”于是入房洗浴，烧香礼拜，还座，向西方合掌而卒。是日同寺，咸见五色香烟，从睿房出。春秋六十七矣。

注释

①**魏郡长乐**：位于今河南安阳市东。

②**濠上之契**：“濠上”，即濠水之滨，语出《庄

子·秋水》："庄子与惠子游于濠梁之上，庄子曰：'儵鱼出游从容，是鱼之乐也。'惠子曰：'子非鱼，安知鱼之乐？'庄子曰：'子非我，安知我之不知鱼之乐？'"后人多以此来比喻别有会心、自得其乐的境地。

③**厝：**安置之意。

④**五门：**即小乘七方便中之五停心观：不净观、慈悲观、因缘观、界分别观、数息观。

⑤**六静：**"静"即静虑，亦即"定"。"六静"即六种定。

⑥**邺卫：**"邺"即汉魏时期魏郡所辖之一都城；"卫"，古国名，位于今河南濮阳、汝阳一带。"邺卫"即僧睿所居住的那个地区。

⑦**洼隆：**"洼"本指水坑、洼地，此指深沉；"隆"本意为高起，此处指隆厚。

译文

释僧睿，魏郡长乐（今河南安阳市东）人。年幼时就很想出家，但到十八岁时出家的愿望才得以实现，投僧贤法师，为其弟子。灵俐机敏，谦虚好学，学习进步很快，二十二岁时，已博通经论，曾听僧朗法师讲解《放光般若经》，经常提出一些颇具深度的问题。僧朗与僧贤两法师关系很密切，僧朗曾对僧贤说："僧睿屡好诘难，我常担心不能解释，真是你僧贤之贤弟子也。"

二十四岁时，游历各地，每到之处，都讲经弘法，崇尚其才学，从他受学者很多。他常叹道："经法虽少，足识因果。禅法未备，无处安心。"罗什至关中，就请求他译出《禅法要》三卷。开头部分是鸠摩罗陀所制，末尾部分是马鸣菩萨所说，中间部分是外国诸高僧共造，亦称"菩萨禅"。僧睿得到它后，就日夜研习，遂精通禅法，善入六定。后秦司徒姚嵩很推重他。

姚兴问姚嵩："睿公如何？"姚嵩答道："实邺卫（即僧睿所在地区）之松柏。"后来，姚兴会见他时，公卿皆集，欲观其才学。僧睿风神俊逸，学识深邃，谈吐清雅，姚兴十分赞赏，就赐予资财、人力及车马等。姚兴后来对姚嵩说："僧睿乃四海学子之领袖，何止是邺卫之松柏！"于是声誉大噪，远近归宗。罗什所翻译的经典，他大多参与润色、订正。

过去竺法护译出的《正法华经·受决品》云："天见人，人见天。"罗什译《法华经》至此时说："此语与梵本义同，但言语过于质直。"僧睿曰："可否译为'人天交接，两得相见'？"罗什极表赞赏，曰："译得好！"其灵俐颖悟，多类此。

后来译《成实论》，罗什对僧睿说："此《成实论》

有七处文破论义，但表述不是很明显，如果你能不问而解，可谓英才。”僧睿阐发幽微，果然不问罗什而自解。罗什十分赞叹地说：“我传译经典，能与你在一起，真是无所遗憾了。”

僧睿曾为《大智度论》《十二门论》《中论》等撰序，并注大、小品，《法华经》《维摩诘经》《思益经》《自在王经》《禅经》等序，这些都流传于世。

僧睿威仪庄严，弘赞经法，平生愿求往生安养净土，每行住坐卧，不敢正背西方。后来，自知世寿将尽，忽聚僧众，向大众告曰：“平生誓愿往生西方。依我之见，是可以往生西方的。但身、口、意诸业，也许多不尽善，愿菩萨大慈大悲，使能生至西土，永为法侣。”于是入房沐浴，烧香礼拜，后回到座位上，面向西方，合掌而寂。那一天，僧众们都看见五色香烟，从僧睿之房间中飘出。世寿六十七。

晋长安释僧肇

原典

释僧肇，京兆[①]人，家贫以佣书为业，遂因缮写，乃历观经史，备尽坟籍[②]。志好玄微，每以庄老为心要。尝读《老子》《道德章》，乃叹曰："美则美矣，然期栖神冥累之方，犹未尽善。"后见旧《维摩经》，欢喜顶受，披寻玩味，乃言始知所归矣。因此出家，学善方等[③]，兼通三藏。乃在冠年，而名振关辅。时竞誉之徒，莫不猜其早达，或千里负粮，入关抗辩。肇既才思幽玄，又善谈说，承机挫锐，曾不流滞。时京兆宿儒，及关外英彦，莫不挹其锋辩，负气摧衄。

后罗什至姑臧，肇自远从之。什嗟赏无极。及什适长安，肇亦随入。及姚兴命肇与僧睿等，入逍遥园，助详定经论。肇以去圣久远，文义舛杂，先旧所解，时有乖谬。及见什谘禀，所悟更多。因出《大品》之后，肇便著《般若无知论》，凡二千余言，竟以呈什。什读之称善，乃谓肇曰："吾解不谢子，辞当相挹。"

时庐山隐士刘遗民见肇此论，乃叹曰："不意方袍，复有平叔[④]。"因以呈远公。远乃抚几叹曰："未尝有也。”因共披寻玩味，更存往复。

遗民乃致书肇曰：“顷餐徽闻，有怀遥仰。岁末寒严，体中何如？音寄壅隔，增用抱蕴。弟子沉痾草泽，常有弊瘵，愿彼大众康和，外国法师休悆不？去年夏末，见上人《般若无知论》，才运清俊，旨中沉允，推步圣文，婉然有归。披味殷勤，不能释手，真可谓浴心方等之渊，悟怀绝冥之肆，穷尽精巧，无所间然。但暗者难晓，犹有余疑一两，今辄条之如别。愿从容之暇，粗为释之。”

肇答书曰：“不面在昔，伫想用劳。得前疏并问，披寻反复，欣若暂对。凉风戒节，顷常何如？贫道劳疾每不佳，即此大众寻常，什师休胜。秦王道性自然，天机迈俗，城堑三宝，弘通是务。由使异典胜僧，自远而至，灵鹫之风，萃乎兹土。领公远举，乃是千载之津梁。于西域还，得方等新经二百余部；什师于大石寺，出新至诸经。法藏渊旷，日有异闻。禅师于瓦官寺教习禅道，门徒数百，日夜匪懈，邕邕[⑤]肃肃，致自欣乐。三藏法师于中寺出律部，本末情悉，若睹初制。毗婆沙法师于石羊寺，出《舍利弗毗昙》梵本，虽未及译，时问中事，发言新奇。贫道一生猥参嘉运，遇兹盛化，自不睹释迦祇洹之集，余复何恨？但恨不得与道胜君子同斯法集耳。称咏既深，聊复委及。然来问婉切，难为郢人[⑥]。贫道思不关微，兼拙于笔语，且至趣无言，言则乖至。云云不已，竟何所辩。聊以狂言，示酬来旨也。"

肇后又著《不真空论》《物不迁论》等，并注《维摩》及制诸经论序，并传于世。及什亡之后，追悼永往，翘思弥厉，乃著《涅槃无名论》。其辞曰："经称有余、无余涅槃。涅槃者，秦言无为，亦名灭度。无为者，取乎虚无寂漠，妙绝于有为；灭度者，言乎大患永灭，超度四流。斯盖镜像[⑦]之所归，绝称之幽宅也。而曰有余、无余者，盖是出处之异号，应物之假名。

"余尝试言之，夫涅槃之为道也，寂寥虚旷，不可以形名得；微妙无相，不可以有心知。超群有以幽升，量太虚而永久。随之弗得其踪，迎之罔眺其首。六趣不能摄其生，力负无以化其体，眇漭惚恍，若存若往。五目莫睹其容，二听不闻其响。冥冥窈窈，谁见谁晓。弥纶靡所不在，而独曳于有无之表；然则言之者失其真，知之者返其愚，有之者乖其性，无之者伤其躯。所以释迦掩室于摩竭[⑧]，净名杜口于毗耶[⑨]，须菩提唱无说以显道，释梵绝听而雨花。斯皆理为神御，故口为缄默。岂曰无辩，辩所不能言也。

"经曰：真解脱者，离于言数，寂灭永安，无终无始。不晦不明，不寒不暑，湛若虚空，无名无证。论曰：涅槃非有，亦复非无。言语路绝，心行处灭。寻夫经论之作也，岂虚构哉？果有其所以不有，故不可得而有；有其所以不无，故不可得而无耳。何者？本之有境，则五阴永灭；推之无乡，则幽灵不竭。幽灵不竭，则抱一湛然；五阴[10]永灭，则万累都捐。万累都捐，故与道通同；抱一[11]湛然，故神而无功。神而无功，故至功常存；与道通同，故冲而不改。冲而不改，不可为有；至功常存，不可为无。然则有无绝于内，称谓沦于外，视听之所不暨，四空[12]之所昏昧，恬兮而夷[13]，怕焉而泰[14]，九流[15]于是乎交归，众圣于此乎冥会。斯乃希夷[16]之境，太玄[17]之乡。而欲之以有无题榜，标其方域，而语神道者，不亦邈哉？”其后十演九折[18]，凡数千言，文多不载。

论成之后，上表于姚兴曰：“肇闻天得一以清，地得一以宁，君王得一以治天下。伏惟陛下睿哲钦明，道与神会，妙契寰中[19]，理无不统，故能游刃万机，弘道终日，威被苍生，垂文作范。所以域中有四大，王居一焉[20]。涅槃之道也，盖是三乘[21]之所归，方等之渊府。渺茫希夷，绝视听之域；幽致虚玄，非群情之所测。肇以人微，猥蒙国恩，得闲居学肆，在什公门下十有余年。虽众经殊趣，胜致非一。然涅槃一义，常以听习为先，但肇才识暗短，虽屡蒙诲谕，犹怀漠漠，为竭愚不已。亦如似有解，然未经高胜先唱，不敢自决。不幸什公去世，谘参无所，以为永恨。

“而陛下圣德不孤，独与什公神契，目击道存，快其方寸，故能振彼玄风，以启末俗。一日遇蒙答安成侯嵩问无为宗极，颇涉涅槃无名之义。今辄作《涅槃无名论》，有十演九折。博采众经，托证成喻。以仰述陛下无名之致。岂曰关诣神心，穷究远当，聊以拟议玄门，班谕学徒耳。若少参圣旨，愿敕存记，如其有差，伏承旨授。”

兴答旨殷勤，备加赞述。即敕令缮写，班诸子侄。其为时所重如此。晋义熙十年卒于长安，春秋三十有一矣。

注释

①**京兆**：今陕西西安。

②**坟籍**：泛指古书，如“三坟五典”。“三坟”指伏羲、神农、黄帝之书；“五典”指少昊、颛顼、高辛、唐、虞之书。

③**方等**：巴利语，音译作毗佛略、毗富罗等，意译亦译作方广、广大等，佛教九部经之一，一般指大乘经典。

④**平叔**：即何宴，三国魏玄学家。

⑤**邕邕**：有二解：一指雁鸣声，二乃和睦之意。如嵇康之《游仙诗》云："临觞奏九韶，雅歌何邕邕。"此处当属后解。

⑥**郢人**：《世说新语·伤逝》："支道林丧法虔之后，……常谓人曰：'昔匠石废斤于郢人，牙生辍弦于钟子。'"意为石匠于郢人死后，觉得不再有知己而废斧，后以此比喻知己。

⑦**镜像**：即镜中之影像，《般若经》十喻之一。以诸法之见有而实无，如镜中之影像。此指佛教之思想真谛。

⑧**释迦掩室于摩竭**：此指佛陀于摩揭陀国成道之初，在三个七日中不开口说法，犹如掩户闭室，悄然无声，表示佛法深意并非言说、声音可以传达。

⑨**净名杜口于毗耶**：指维摩诘居士于毗耶城示疾，诸菩萨聚集各说不二法门，至文殊问及维摩时，维摩默默无言，表示不二法门并非言诠所能宣示。

⑩**五阴**：指构成有情众生的五种基本要素，即色、受、想、行、识。

⑪**抱一**：语出《老子》。《老子》曰："少则得，多则惑，是以圣人抱一为天下式。""一"即"道"。"抱一"，即守道弗失。

⑫**四空**：《大品般若经》卷五所说能破众生执着有

之四种空，即一、法相空，二、无法相空，三、自法空，四、他法空。

⑬**恬兮而夷**：“恬”即安适、淡然，“夷”，平坦、通畅。《列子·汤问》曰：“未尝觉山谷之险，原隰之夷，视之一也。”

⑭**怕焉而泰**：“怕”通“泊”，即恬淡；“泰”即“通”。

⑮**九流**：一指先秦学术流派，即儒、道、墨、阴阳、法、名、纵横、杂、农家九家；二指江河之多数支流；三指佛教中之“九孔”“九漏”亦称“九流”。此处当指江河之众多支流同归大海。

⑯**希夷**：语出《老子》。《老子》曰：“视之不见曰夷，听之不闻曰希。”意即无声无色。

⑰**太玄**：语出扬雄《太玄》。玄即黑也，太玄即是在黑暗中泯灭一切差别。

⑱**十演九折**：《般若无名论》分九重问答，故曰九折，合第一宗“开宗”，统称十演。

⑲**寰中**：语出《庄子·齐物论》：“枢始得其环中，以应无穷。”郭象注：“环中，空也。既契环中，则应理天下，无不通也。”

⑳**域中有四大，王居一焉**：语出《老子》。《老子》二十五章云：“道大，天大，地大，人亦大。域中有四

大，而王居其一焉。”但此中之“王”字，至宋范应元本即改为“人”字；任继愈先生的《老子今译》亦作“人”字。

㉑**三乘：**三乘在佛教典籍中说法很多，一般作声闻、缘觉、菩萨（或佛乘）三乘。

译文

释僧肇，京兆（今西安）人，家贫，以代人抄书为业，因抄写、查阅等原因，乃历观经史，备读典籍。僧肇志好玄微，很推赞老庄，曾读《老子》《道德章》，乃叹曰：“美虽甚美，然栖神冥累之方，犹未尽善。”后来读《维摩经》，欢欣赞叹，反复探研，言始知自己之所归趣，因此出家，以大乘之学见长，兼通三藏。到及冠之年，名声已传遍关中一带。当时一些好辩之徒，莫不妒忌其早达，有的甚至不远千里，去到长安，与他论辩。僧肇才思幽深，又善言辩，反驳论敌，口若悬河。当时长安名儒，关外贤哲，凡与之论辩者，无不败在他的手下。

罗什至姑臧后，僧肇往而从之。罗什很赞赏其才华。及罗什至长安，僧肇亦随之到长安。姚兴令他与僧睿等，入逍遥园，协助罗什详定经论。僧肇认为由于离佛之世已经很远了，故佛经之文义，多有舛讹、错杂，先前所译，也多有谬误，待他与罗什一起译经，有机会经常向他咨询、请教之后，所悟者更多。因此在罗什译出《大品般若经》后，他就著《般若无知论》，凡二千余言，撰好后呈以罗什。罗什读后大加赞赏，乃对僧肇说："你的许多见解已在我之上了。"

当时庐山刘遗民读到僧肇的《般若无知论》后，大为赞叹地说："没想到僧徒中，也有像何宴这样的高才。"就把该论送给慧远看。慧远读后，也拍案叫绝，说："这真是篇绝好妙文。"就与刘遗民一起研读。

后来，刘遗民就致书僧肇，曰："久闻大名，无任景仰，遥致敬意。岁末严寒，身体可好？你我各在一方，更增思念。弟子栖身草泽，常有疾病，愿你等身体康泰，罗什等外国法师一切可好？去年夏末，拜读了你的大作《般若无知论》，才思清雅俊逸，思想深沉精当，上有所本，末有所归，思路清晰，旨意深邃。反复研味，爱不释手，真有如置身于大乘学之深渊，领悟于冥神绝虑之境，可谓极精尽巧，无可挑剔。但由于思想深邃，常人难于完全理解，现有几个未尽理解的疑难问题，列之于另纸。愿你在得暇之时，能略为诠释、教示为盼。"

僧肇复信曰："过去未曾谋面，很是想念。收到前疏并所提问题，反复研读，有若与君欢聚一时。眼下天气暂凉，你可安好？贫道身体常不甚佳，而这里大众则都无恙，罗什法师一切很好。秦王姚兴道性自然，天机迈俗，推崇三宝，以弘通为务。使得佛典高僧，自远而至，灵鹫之风，吹拂于此土。竺法领远游西域乃千年津梁。于西域得大乘新经二百余部；罗什法师于大石寺，译新传来诸经。佛教法藏宏富深广，几乎天天有新传译之经典问世。佛驮跋陀罗禅师于瓦官寺教习禅道，门徒数百，日夜坚持不懈，呈现出一种祥和、静谧之景象。佛陀耶舍法师于中寺译出律藏，本末完备，如同原版。昙摩耶舍及昙摩崛多法师于石羊寺，诵出《舍利弗毗昙》梵本，虽然尚未翻译，有时问及其中之问题，出言新奇。贫道一生恰逢佳运，遇此盛况，就算不曾亲睹释迦祇洹精舍之集会，又有何憾呢？所遗憾的是你等仁人君子、名流大德没能与会。蒙你挂念，略陈如上。至于信中所提问题，贫道才学疏浅，又不善言表、笔述，实难一一作答，满足你之愿望。加之，至道无言，言则乖至，故没能一一辨析。谨以上面之狂语胡言，聊作答复。”

僧肇又著《不真空论》《物不迁论》等，并注《维摩诘经》及诸经论之序，这些都流传于世。罗什去世后，追悼不已，愈加思念，乃著《涅槃无名论》。其中曰："经中常有有余涅槃、无余涅槃等说法。然而，所谓涅槃者，汉地称为无为，或叫作灭度。无为者，即是虚无寂寞，绝于有为；灭度者，亦即烦恼永灭，超出四流。这是佛教之最高境界，非是语言所可表述的。而称有余、无余涅槃，乃是一种虚设之假名。

"我尝试言之，涅槃者，寂寥虚旷，不可以形名而得之；微妙无相，不可以有为之心以知之。它乃超群有之幽微，量太虚而永久。无踪迹可寻，无形状可窥，恍恍惚惚，渺渺茫茫，若存若亡，若来若往。眼不能睹其容，耳不能听其声，冥冥窈窈，谁见谁晓。它弥沦于太虚之中无所不在，但又超出于有无之表；欲以言说表述之则失其真，欲用知解去诠析之则更是愚蠢之举，说拥有之则违背其性，说它不存在则伤其体。所以释迦牟尼佛掩室于摩揭（即释迦牟尼佛成道之初，在三个七日里不开口说法，犹如掩户闭室），净名杜口于毗耶（指维摩诘居士以默默无言表示不二法门），须菩提用无说以显道，帝释以绝听而雨花。这些都是以神御理，绝口不言。无言非不辩，真正之辩则不能言。

"《涅槃经》曰：真解脱者，离于言诠表述，寂灭永安，无始无终。既非暗亦非明，既非寒也不暑，犹如虚空，无名无证。《中论》曰：涅槃非有，也不是无，言语路绝，心行处灭。若然，经论之作，岂不是多余的？

实际上有的东西是无法冠以形相名目的，所以不得而有；而有些东西是非有不可的，所以不能一概都无。为什么呢？本之于有形之境，则形体永灭；推之于无形，则幽灵不灭。幽灵不灭，则湛然而抱一；形体永灭，则万累俱捐。万累俱捐，故与道合一；抱一湛然，故神而无功。神而无功，故至功常存；与道合一，则冲而不改。冲而不改，则不可称为有；至功常存，则不可视为无。内离性相，外绝名言，视听之所不及，四空之所不逮，寂寥无形，混然通泰，九流（即菩萨、二乘、六道等九界）之所归趣，众圣于此冥会。此乃希夷（无声无色、无形无相）之境界，玄之又玄（泯灭一切差别）之乡。而欲以有以无称之，标其处所方域，这离论道之人，不是相去太远了吗？”其后十演九折，凡数千言，因文字较长，恕不俱载。

《涅槃无名论》撰成之后，上呈与姚兴曰：“古代圣哲老子曾说过：天得道则清明，地得道则宁静，君王得道以治理天下。今陛下睿哲圣明，神与道契，理无所不通，故能日理万机，终日弘道，威德被及众生，作文垂范后世。所以，域中有四大，王居其一（老子语）。盖涅槃之道，乃三乘之所归趣，大乘之渊府，无形无相，绝视听之境界；幽至虚玄，不是凡情之所能揣测。僧肇承蒙圣恩，得以进入学馆以修习，在罗什门下十多年。

虽然众经思想各有所不同，但其旨趣却是一样的。涅槃一义，是我所经常优先听习探研的，但由于贫僧才学疏浅，识见寡陋，虽然屡蒙教诲，但仍然不甚了了，为此我曾竭尽全力，以探寻研讨，虽然有时也有所得，但未得时贤大哲之教诲时，也不敢擅自决断。不幸什公去世，无从请教咨询，此实乃平生一大憾事。

“今陛下圣德不孤，独与什公神契，长期共处，耳濡目染，故能重振其玄风，以启迪凡俗。以前曾读到陛下答安成侯姚嵩问无为宗极义，其中多涉及涅槃无名等义理，现贫僧撰写了《涅槃无名论》，有十演九折。博采众经，广取譬喻，以仰述陛下无名之理趣。不敢奢望能领会圣意，准确精当，只是揣摩玄理，昭示学徒尔。若果不合圣意，或有谬讹之处，敬请敕示为盼。”

后来，姚兴答旨殷勤，大加赞赏。并敕令抄写，让其后辈读诵。其为时贤国主所重，一至于此。义熙十年（公元四一四年）卒于长安，世寿三十一。

宋京师龙光寺竺道生

原典

竺道生，本姓魏，巨鹿[①]人，寓居彭城[②]。家世仕族，父为广戚令，乡里称为善人。生幼而颖悟，聪哲若神，其父知非凡器，爱而异之。后值沙门竺法汰，遂改俗归依，伏膺受业。既践法门，俊思奇拔，研味句义，即自开解。故年在志学，便登讲座，吐纳问辩，辞清珠玉，虽宿望学僧，当世名士，皆虑挫词穷，莫敢酬抗。年至具戒，器鉴日深，性度机警，神气清穆。

初入庐山，幽栖七年，以求其志，常以入道之要，慧解为本。故钻仰群经，斟酌杂论，万里随法，不惮疲苦。后与慧睿、慧严同游长安，从什公受业。关中僧众，咸谓神悟。后还都止青园寺。寺是晋恭思皇后褚氏所立，本种青处，因以为名。生既当时法匠，请以居焉。宋太祖文皇深加叹重，后太祖设会，帝亲同众御于地筵，下食良久，众咸疑日晚。帝曰："始可中耳。"生曰："白日丽天，天言始中，何得非中？"遂取钵便食，于是一众从之，莫不叹其枢机得衷。王弘、范泰、颜延之，并挹敬风猷[③]，从之问道。

生既潜思日久，彻悟言外，乃喟然叹曰："夫象以尽意，得意则象忘；言以诠理，入理则言息。自经典东流，译人重阻，多守滞文，鲜见圆义。若忘筌取鱼，始可与言道矣。"于是，校阅真俗，研思因果，乃言善不受报，顿悟成佛。又著《二谛论》《佛性当有论》《法身无色论》《佛无净土论》《应有缘论》等。笼罩旧说，妙有渊旨。而守文之徒，多生嫌嫉，与夺之声，纷然竞起。

又，六卷《泥洹》先至京都，生剖析经理，洞入幽微，乃说一阐提[④]人皆得成佛。于是大本未传，孤明先发，独见忤众。于是旧学以为邪说，讥愤滋甚，遂显大众摈而遣之。生于大众中正容誓曰："若我所说反于经义者，请于现身即表疠疾；若与实相不相违背者，愿舍寿之时，据师子座。"言竟，拂衣而游。初投吴之虎丘山，旬日之中，学徒数百。其年夏，雷震青园佛殿，龙升于天，光影西壁，因改寺名，号曰龙光。时人叹曰："龙既已去，生必行矣！"俄而投迹庐山，销影岩岫。山中僧众，咸共敬服。

后《涅槃》大本至于南京，果称阐提悉有佛性，与前所说合若符契。生既获新经，寻即讲说，以宋元嘉十一年冬十一月庚子，于庐山精舍，升于法座，神色开朗，德音俊发，论议数番，穷理尽妙。观听之众，莫不悟悦。法席将毕，忽见麈尾[5]纷然而坠，端坐正容，隐几而卒，颜色不异，似若入定。道俗嗟骇，远近悲泣。于是京邑诸僧，内惭自疚，追而信服，其神鉴之至征瑞如此。仍葬庐山之阜。

初，生与睿公及严、观同学齐名，故时人评曰："生、睿发天真，严、观洼流得，慧义彭亨进，寇渊于默塞。"生及睿公独标天真之目，故以秀出群士矣。初关中僧肇始注《维摩》，世咸玩味。生乃更发深旨，显畅新典，及诸经义疏，世皆宝焉。王微以生比郭林宗，乃为之立传，旌其遗德。时人以生推阐提得佛，此语有据，顿悟不受报等，时亦宪章。宋太祖尝述生顿悟义，沙门僧弼等皆设巨难，帝曰："若使逝者可兴，岂为诸君所屈？"

后龙光又有沙门宝林，初经长安受学，后祖述生公诸义，时人号曰游玄生。著《涅槃记》，及注《异宗论》《檄魔文》等。林弟子法宝，亦学兼内外，著《金刚后心论》等，亦祖述生义焉。近代又有释惠生者，亦止龙光寺，蔬食，善众经典，兼工草隶，时人以同寺相继，号曰大、小二生也。

注释

①**巨鹿**：今河北平乡西南。

②**彭城**：今江苏徐州市。

③**风猷**：即风教、德业。

④**一阐提**：又作阐提、一阐底迦，一颠迦、一阐提柯等，意为断尽善根之人。

⑤**麈尾**：用麈尾毛制成的一种拂尘工具，魏晋名士清谈时常手执麈尾，后来，僧侣说法、讲经亦常手持麈尾。

译文

竺道生，俗姓魏，巨鹿（今河北平乡）人，寓居彭城（今江苏徐州）。祖先世代都是官宦人家，其父曾为广戚县令，为官清廉，被乡里称为“善人”。道生年幼时就聪明过人，颖悟非凡，其父知他不是普通根器，甚是疼爱。后来巧遇沙门竺法汰，道生遂离俗出家，从学于竺法汰。出家之后，道生专心道业，精研经典、义理，常能自得胜解。十五岁时，已自登讲座，析理明晰，论议清雅，言辞圆润有如珠玉，虽是当代之硕学名儒，也不能与之相抗敌。到了二十岁时，学识更加渊博、宏富，见解更为超群出众，而神气清和，自然澄穆。

隆安元年（公元三九七年）道生进入庐山，静修七年，佛教学问及修持的基本功夫更加深厚、扎实，经常以为“慧解”是入佛之关键所在。故钻研群经，并博览众论，虽是万里求法，却不辞辛苦。后来与慧睿、慧严同游长安，从罗什受业。关中众僧，对他之神悟都极表赞叹。后来止住于青园寺。该寺是晋恭思皇后褚氏所建立，本为种青之处，所以称为青园寺。因道生是一代法匠，就请他住在该寺。宋太祖文皇对他很钦敬、推崇，后来太祖设斋会时，亲自与诸僧众就地用宴。由于宴会时间较长，僧众们都担心日已西斜，不宜再食。太祖曰：“日正中耳。”道生曰：“白日丽天，天言正中，岂得非中？”遂取钵便食，大家就跟着他吃了起来，过后，大家都赞叹他善于随机应化。王弘、范泰、颜延之等名流，都崇敬其风教德操，纷纷向他问道参学。

竺道生因精通经典义理，又能融会贯通，悟得许多言外之理，乃叹道：“所谓现象者，乃是用来表达真意的，若得真意则可忘却现象之局限；语言是用来表诠真理的，契会了真理则可以弃除语言之束缚。佛经自传来中土后，由于译者受到各种条件之局限，因而大多拘泥于文字语句，很少能融会贯通，获得其圆融妙义。如果能获得其圆融妙义（‘取鱼’），就不必执着于文字语句（‘忘筌’），倘能如此，才可与之谈论大道。”于是，竺道生校阅内书外典、研讨真俗二谛义理，探究因果报应之思想，乃言善不受报、顿悟成佛。又著《二谛论》《佛性当有论》《法身无色论》《佛无净土论》《应有缘论》等。厘清旧说，妙得真义。但那些执着文句之学僧，对道生之说法很不赞成，诋毁、攻击他的舆论纷纷而起。

又，起初六卷《泥洹经》先传至京都（今南京），竺道生乃剖析经理，深入探究，倡一阐提人皆得成佛。当时大本《涅槃经》还未传译，他孤明先发，虽是独创之见，却得罪了当时佛教界的众僧。于是守旧之学僧都指斥他的说法是邪见谬论，讥讽、批评之声四起，并把他驱逐出佛教界。竺道生于大众中正言厉色发誓道：“若我所说违背经说，请于现身即得恶疾；若我所说与佛教之实相义不相违背，愿谢世之时，登狮子座。”说完就扬长而去，到四处游化。起初，到吴之虎丘山（位于今苏州），不长时间，就有数百学徒从之受学。那一年夏天，雷震青园寺佛殿，龙升于天，光芒四射，就把该寺改为龙光寺。当时的人都赞叹道：“龙既已飞去，道生之学不久必定盛行于世！”他后来去了庐山，过着隐居静修的生活。山中的僧众，都很敬仰他。

后来，大本《涅槃经》传到南京，果然说一阐提人也有佛性，与他原来所说的完全契合。自得新经之后，竺道生就开席讲经，于宋元嘉十一年（公元四三四年）十一月，在庐山精舍，大开法席，神色开朗，声音宏亮，反复论议，妙尽义理。前去听法的人，无不欢喜赞叹。法席将散，忽然见麈尾（讲法时所用的拂子）纷然落地，他竟然在法座上端身正坐而圆寂，颜色与生前无异，就像入定一般。僧俗二界都极是赞叹，远近之人全为之悲泣。于是当时发起驱他出佛教界的京都诸僧，都惭愧得无地自容，并改弦易辙，纷纷赞叹、服膺于他，其神鉴一至于此。后来，他就葬在庐山。

起初，竺道生与慧睿及慧严、慧观同学齐名，故当时的人评论他们说："道生、慧睿天真秀发，慧严、慧观思想深邃，慧义精勤而进，寇渊隐德潜光。"此中，道生、慧睿独领天真之誉，故其悟性秀出群伦可想而知。起初，关中僧肇开始注《维摩诘经》，世全赞叹不已。道生则更发深旨，弘扬新典，及诸经义疏，都被世人视为珍宝。王微把他比作郭林宗，乃为之立传，表彰其功德。当时的人都以竺道生倡一阐提也有佛性，也能成佛的说法是有根据的，所立之顿悟成佛、善不受报等义，后来也得到佛教界的推赞服膺。宋太祖曾经阐发竺道生的顿悟成佛义，沙门僧弼等发问诘难，太祖乃叹道："若能使竺道生复活，这些人又怎能发难于我呢？"

后来，龙光寺又有沙门宝林，起初往长安受学，后来祖述道生所立诸义，当时的人都称他为游玄生。他曾著有《涅槃记》，注《异宗论》及《檄魔文》等。宝林的弟子法宝，亦学兼内外，著有《金刚后心论》，亦祖述道生之义。近代又有释惠生，亦住于龙光寺，素食终生，擅长众典，并工于草隶，当时的人以同寺相继，号曰大、小二生。

宋京师东安寺释慧严

原典

释慧严，姓范，豫州[①]人，年十二为诸生[②]，博晓诗书，十六岁出家，又精练佛理，迨甫立年，学洞群籍，风声四远，化洽殊邦。闻什公在关，复从受学，访正音义，多所异闻，后还京师，止东安寺，宋高祖素所知重。高祖后伐长安，要与同行，严曰："檀越此行，虽伐罪吊民，贫道事外之人，不敢闻命。"帝苦要之，遂行。及文帝在位，情好尤密，每见弘赞问佛法。……时颜延之著《离识观》及《检论》，帝命严辩其同异，往复终日，帝笑曰："公等今日，无愧支、许。"严后著《无生灭论》及《老子略注》等。

东海何承天以博物著名，乃问严："佛国将用何历？"严云："天竺夏至之日方中无影，所谓天中；于五行土德，色尚黄，数尚五，八寸为一尺，十两当此土十二两，建辰之月为岁首……。"后婆利国人来，果同严说。

《大涅槃经》初至宋土，文言致善而品数疏简，初学难以厝怀。严迺共慧观、谢灵运等，依《泥洹》本加之品目。文有过质，颇亦治改，始有数本流行，严迺梦见一人，形状极伟，厉声谓严曰：“《涅槃》尊经，何以辄加斟酌？”严觉已惕然，乃迺集僧，欲收前本。时识者咸云：“此盖欲诫厉后人耳。若必不应者，何容即时方梦。”严以为然。顷之，又梦神人告曰：“君以弘经之力，必当见佛也。”严以宋元嘉二十年卒于东安寺。春秋八十有一矣。

注释

①**豫州**：本为汉武帝所设十三刺史部之一。辖境相当于今淮河以北、伏牛山以东之豫东、皖北地区，后辖境屡有变迁，南北朝时约在今河南汝阳以南、湖北黄冈西北一带。

②**诸生**：即儒生。《史记·曹相国世家》：“参尽召长老诸生，问所以安集百姓。”

译文

释慧严，俗姓范，豫州（今安徽）人，十二岁为儒生，博读诗书，十六岁出家，又专心致志研读佛典，到“而立之年”，已遍览群经，精通佛法，四处弘法，远近闻名。听说罗什在关中，又前往受学，得益很多，后又回到京都（建康），住在东安寺，甚为宋高祖所推重。后来高祖远征长安，要慧严与他同行，慧严曰：“施主此行，志在平定天下，贫道乃方外之人，不敢从命。”宋高祖屡请，遂与之同行。到宋文帝年间，与文帝关系更为密切，经常以佛法请示之。……当时颜延之著《离识观》及《检论》，帝令慧严辩其异同，往复终日，帝乃笑曰：“你等真不亚于昔日之支遁、许询。”慧严后来著《无生灭论》及《老子略注》等。

东海何承天以见多识广闻名，有一次他问慧严：“印度等西国所用何历？”慧严曰：“印度夏至之日，中午时日正挂中无影，因此有‘天中’之名。于五行土德，色尚黄，数尚五，八寸为中土之一尺，十两等于此地的十二两，以辰月为岁首，……”后问婆利国来的人，果然同慧严所说一样。

《大涅槃经》初传至宋地时，译文颇流畅，而品数不足，初学之人难以理解其整体思想。慧严乃与慧观、谢灵运等，依据早先已译出的《泥洹经》版本，增加品目。凡是文字太过质直者，也统统加以修治，才开始有好几本流行，慧严就在一天夜里梦见一个人，形象很高大，厉声对慧严说：“《涅槃》尊经，为什么加以改治？”梦醒之后，慧严颇感不安，就召众僧，商议收回以前版本之事。当时某些有识见的人就说：“这可能是为了告诫后人，如果《大涅槃经》确实不应改治，为何即时托梦。”慧严以为此说有一定的道理。不久，就又梦见神人对他说：“你因尽心翻译佛经，大力弘扬佛法，日后必定能见佛。”慧严于宋元嘉二十年（公元四四三年）卒于东安寺，世寿八十一。

宋京师道场寺释慧观

原典

释慧观，姓崔，清河[①]人，十岁便以博见驰名，弱年[②]出家，游方受业，晚适庐山，又谘禀慧远。闻什公入关，乃自南徂北，访核异同，详辩新旧，风神秀雅，思入玄微。时人称之曰："通情则生、融上首，精难则观、肇第一。"

乃著《法华宗要序》以简什，什曰："善男子所论甚快，君小却当南游江汉之间，善以弘通为务。"什亡后，乃南适荆州。州将司马休之甚相敬重，于彼立高悝寺，使夫荆楚之民，回邪归正者，十有其半。宋武南伐休之，至江陵与观相遇，倾心待接，依然若旧，因敕与西中郎游，即文帝也。俄而还京，止道场寺。

观既妙善佛理，探究老庄，又精通《十诵》，博采诸部，故求法问道者，日不空筵。元嘉初三月上巳，车驾临曲水谯会，命观与诸朝士赋诗，观即坐先献，文旨清婉，事适当时。琅琊王僧达、庐江何尚之，并以清言致款，结赏尘外。

宋元嘉中卒，春秋七十有一。著《辩宗论》、《论顿悟渐悟义》及《十喻序赞》，诸经序等，皆传于世。

注释

①**清河**：今山东清平。

②**弱年**：年少曰“弱”，古代男子二十岁行冠礼，故称二十岁为“弱冠”之年。

译文

释慧观，俗姓崔，清河（今山东清平）人，十岁时便以博览闻名，少年出家，四处游学，晚年至庐山，从学于慧远。后秦弘始年间，他得悉罗什至关中，乃由南往北，咨访新旧，辨析异同，风神秀雅，思想深邃。当时之人称云：“通情则生（竺道生）、融（道融）上首，精难则观（慧观）、肇（僧肇）第一。”可见当时学人对他之推崇。

慧观曾著有《法华宗要序》，并呈给罗什，罗什对他说：“你的《法华宗要序》写得很好，从你的才华看，你应当到江汉一带去弘通佛法。”罗什去世后，慧观就离开了长安，往南到了荆州。当时镇守荆州之司马休之对他很敬重，在荆州为他建立高悝寺，使得荆州一带超过半数的民众，改邪归正，皈依佛门。后来宋武帝南伐司马休之，到了江陵，与慧观相遇，一见如故，礼遇有加，并敕他与西中郎（即后来的宋文帝）一起游学。不久到了京都（建康），住于道场寺。

慧观既妙善佛理，又探究老庄，既精通《十诵》，又博采诸部，博学多闻，才识超群，因此，前去问道求法者，络绎不绝，终日门庭若市。元嘉初年三月，曾驾车至曲水参加宴会。当时，帝令慧观与众朝士赋诗酬对，慧观入座之后，就先献上一诗，文辞优婉，旨趣清雅。琅琊王僧达、庐江何尚之，都以清言相唱酬。慧观此次赴会，既结识了俗家朋友，又深得他们的赞赏。

宋元嘉年间卒，世寿七十一。曾著《辩宗论》、《论顿悟渐悟义》及《十喻序赞》，诸经序等，这些都流传于世。

梁京师灵味寺释宝亮

原典

释宝亮，本姓徐氏，其先东莞[①]胄[②]族，晋乱避地于东莱掖县。亮年十二出家，师青州道明法师。明亦义学之僧，名高当世。亮就业专精，一闻无失。及具戒之后，便欲观方弘化，每惟训育有本，未能远绝缘累。明谓曰："沙门去俗，以宣通为理，岂可拘此爱网，使吾道不东乎！"亮感悟，因此客游。

年二十一至京师，居中兴寺，袁粲一见而异之，粲后与明书曰："频见亮公，非常人也，比日闻所未闻，不觉岁之将暮。珠生合浦[③]，魏人取以照车；璧在邯郸，秦王请以华国[④]。天下之宝，当与天下共之，非复上人贵州所宜专也！"自是学名稍盛。及本亲丧亡，路阻不得还北，因屏居禅思，杜绝人事。齐竟陵文宣王，躬自到房，请为法匠，亮不得已而赴。文宣接足恭礼，结菩萨四部因缘。

后移憩灵味寺，于是续讲众经，盛于京邑。讲《大涅槃》凡八十四遍，《成实论》十四遍，《胜鬘》四十二遍，《维摩》二十遍。其《大》《小品》六遍，《法华》

《十地》《优婆塞戒》《无量寿》《首楞严》《遗教》《弥勒下生》等，亦各近十遍。黑白弟子三千余人，咨禀门徒常盈数百。

亮为人神情爽岸，俊气雄逸，及开章命句，锋辩纵横。其有问论者，或豫蕴重关，及亮之披解，便觉宗旨涣然，忘其素蓄。今上龙兴⑤，尊崇正道，以亮德居时望，亟延谈说。亮任性率直，每言辄称贫道。上虽意有间然，而挹其神出。天监八年初敕亮撰《涅槃义疏》十余万言，上为之序曰。……

亮福德招感，供施累积，性不蓄金，皆散营福业。身没之后，房无留财。以天监八年十月四日，卒于灵味寺，春秋六十有六，葬钟山之南，立碑墓所。陈郡周兴嗣、广陵高爽，并为制文，刻于两面。弟子法云等又立碑寺内，文宣图其形像于普弘寺焉。时高座寺僧成、旷野寺僧宝，亦并齐代法匠。宝又善三玄，为贵游所重。

注释

①**东莞**：古县名，西汉时设置，位于今山东沂水，至南朝宋时移至今莒县。

②**胄**：指帝王或贵族的后裔。

③**合浦**：《后汉书·孟尝传》：（合浦）郡不产稻谷，

而海出珠宝，故常用珠宝去外地换取谷物。起初，合浦郡守等官员贪得无厌，无限量采集珠宝，结果，珠宝渐渐迁涉到外地，合浦郡一贫如洗，民不聊生；孟尝到合浦郡当太守之后，革除前弊，以前迁涉至外地的珠宝又陆续回来了，当地百姓又重操旧业，采珠交易谷物。

④**璧在邯郸，秦王请以华国**："璧"即和氏璧，本为赵国国宝，秦王以武力相威胁，强逼赵国把璧送予秦国，后蔺相如以人璧俱碎相威胁，终于完璧归赵。

⑤**龙兴**：比喻王业之创立。《后汉书·冯衍传》："皇帝以圣德灵威，龙兴凤举。"

译文

释宝亮，俗姓徐，其祖先是东莞（今山东沂水）贵族后裔，晋代战乱时，避难于东莱（今山东掖县）。宝亮十二岁出家，师事青州道明法师。道明乃义学之名僧，名高当世。宝亮修学专精，过目成诵。受具足戒后，便欲游学弘化，但因念父母养育之恩，不能刈断尘缘。道明法师对他说："沙门离尘去俗，以弘扬佛法为务，岂可因纠缠于世俗爱网，而使佛教不传布东土！"宝亮遂感悟，因此就客游四方。

二十一岁时到了京都，居于中兴寺，袁粲一见而颇感惊异，在后来给道明的一封信中说：“我经常见到宝亮，实非常之人也，是我从来所未见之奇才，与他在一起都觉得精神倍增。每日闻所未闻，不觉时光的流逝。古时珠宝生于合浦，而魏人取以照车；玉璧产于赵国，而秦王请以炫耀国威。天下之玉，当天下共之，不能成为一人一地之私有啊！”自此之后，名声渐大。等到其父母去世后，因路途阻塞，不得回去服丧，就屏居禅思，杜绝一切世事。齐竟陵文宣王亲自到他房间，请他出来弘法，他不得已而前往。文宣王对他极是恭敬，并与他结下菩萨四部经的法缘。

后来移住于灵味寺，于是大开讲席，盛于京都。曾讲《大涅槃经》八十四遍，《成实论》十四遍，《胜鬘经》四十二遍，《维摩诘经》二十遍。其《大》、《小品般若经》六遍，《法华》《十地》《优婆塞戒》《无量寿》《首楞严》《遗教》《弥勒下生》等经典亦各近十遍。僧俗二界的弟子三千多人，前去向他参学问道者常数百人。

宝亮风神俊逸，气度恢宏，开席讲经，锋辩纵横。有问论者，阐析清雅，言简意赅，疑难顿时冰释。当朝的皇帝龙兴，尊崇佛法，因宝亮道行高远，德业纯正，就请他一起谈论佛法。每次交谈，宝亮都任性率直，常自称贫道。皇上有时虽觉得未尽如其意，但为其悟性、神气所折服。天监八年（公元五〇九年）敕宝亮撰《涅槃经义疏》十余万言，并为之作序。……

宝亮因福德招感，故布施者很多，但其性不喜蓄积钱财，都散为福业。入灭之后，房无留财。于天监八年十月四日卒于灵味寺，世寿六十有六，葬于钟山南面，立碑于墓上。陈郡周兴嗣、广陵高爽，并为之撰写碑文，刻于两面。弟子法云等又立碑于寺内，文宣王绘其像，供奉于普弘寺。当时高座寺僧成、旷野寺僧宝，也都是齐代之法匠。宝亮还擅长三玄（《庄》《老》《易》），为喜游玄者所重。

4 神异

晋邺中竺佛图澄

原典

竺佛图澄者，西域人也。本姓帛氏，少出家，清真务学，诵经数百万言，善解文义。虽未读此土儒史，而与诸学士论辩疑滞，皆暗若符契，无能屈者。自云，再到罽宾，受诲名师，西域咸称得道。

以晋怀帝永嘉四年，来适洛阳。志弘大法，善诵神咒，能役使鬼物。以麻油杂燕脂涂掌，千里外事，皆彻见掌中，如对面焉，亦能令洁斋者见。又听铃音以言事，无不效验。欲于洛阳立寺，值刘曜寇斥洛阳台，帝京扰乱，澄立寺之志遂不果。乃潜泽草野，以观世变。

时石勒屯兵葛陂，专以杀戮为务，沙门遇害者甚众。澄悯念苍生，欲以道化勒，于是杖策到军门。勒大将郭黑略素奉法，澄即投止略家。略从受五戒，崇弟子之礼。略后从勒征伐，辄预克胜负，勒疑而问曰："孤不觉卿有出众智谋，而每知行军吉凶，何也？"略曰："将军天挺神武，幽灵所助，有一沙门，术智非常，云将军当略有区夏[①]，己应为师。臣前后所白，皆其言也。"勒喜曰："天赐也。"召澄问曰："佛道有何灵验？"澄知勒不达深理，正可以道术为征，因而言曰："至道虽远，亦可以近事为证。"即取应器盛水，烧香咒之，须臾生青莲花，光色曜目。勒由此信服。澄因而谏曰："夫王者德化洽于宇内，则四灵[②]表瑞；政弊道消，则彗孛[③]见于上。恒象着见，休咎[④]随行，斯乃古今之常征，天人之明诫。"勒甚悦之，凡应被诛余残，蒙其益者，十有八九。于是中州胡晋，略皆奉佛。时有痼疾，世莫能治者，澄为医疗，应时瘳损。阴施默益者，不可胜记。

勒自葛陂还河北，过枋头，枋头人夜欲斫营。语黑略曰："须臾贼至，可令公知。"果如其言，有备故不败。勒欲试澄，夜冠胄衣甲，执刃而坐，遣人告澄云："夜来不知大将军所在？"使人始至，未及有言。澄逆问曰："平居无寇，何故夜严？"勒益敬之。

勒后因忿，欲害诸道士，并欲苦澄，澄乃避至黑略舍，语弟子曰："若将军信至问吾所在者，报云不知所之。"信人寻至，觅澄不得，使还报勒。勒惊曰："吾有恶意向圣人，圣人舍我去矣。"通夜不寝，思欲见澄。澄知勒意悔，明旦造勒。勒曰："昨夜何行？"澄曰："公有怒心，昨故权避。公今改意，是以敢来。"勒大笑曰："道人谬耳。"

襄国城堑水源，在城西北五里团丸祠下，其水暴竭。勒问澄："何以致水？"澄曰："今当敕龙。"勒字世龙，谓澄嘲己。答曰："正以龙不能致水，故相问耳。"澄曰："此是诚言，非戏也。水泉之源，必有神龙居之。今往敕语，水必可得。"乃与弟子法首等数人，至泉源上。其源故处，久已干燥，坼如车辙，从者心疑，恐水难得。澄坐绳床，烧安息香，咒愿数百言。如此三日，水泫然微流，有一小龙，长五六寸许，随水来出，诸道士竞往视之。澄曰："龙有毒，勿临其上。"有顷，水大至，隍堑⑤皆满。

澄闲坐叹曰："后二日，当有一小人惊动此下。"既而襄国人薛合有二子，既小且骄，轻弄鲜卑奴，奴忿，抽刀刺杀其弟，执兄于室，以刀拟心，若人入屋，便欲加手，谓合曰："送我还国，我活汝儿。不然，则共死于此。"内外惊愕，莫不往观。勒乃自往视之，谓薛合曰："送奴以全卿子，诚为善事，此法一闻，方为后害，卿且宽情，国有常宪。"命人取奴，奴遂杀儿而死。鲜卑段波攻勒，其众甚盛，勒惧问澄，澄曰："昨寺铃鸣云，明旦食时，当擒段波。"勒登城望彼军，不见前后，失色曰："军行地倾，波岂可获？是公安我辞耳！"更遣夔安问澄。澄曰："已获波矣。"时城北伏兵出，遇波执之。澄劝勒宥波，遣还本国，勒从之，卒获其用。

时刘载已死，载从弟曜纂袭伪位，称元光初。光初八年，曜遣从弟伪中山王岳，将兵攻勒。勒遣石虎率步骑拒之，大战洛西，岳败保石梁坞，虎坚栅守之。时澄与弟子自官寺至中寺，始入寺门，叹曰："刘岳可悯！"弟子法祚问其故，澄曰："昨日亥时，岳已被执。"果如所言。至光初十一年，曜自率兵攻洛阳，勒欲自往拒曜，内外僚佐无不必谏。勒以访澄，澄曰："相轮[⑥]铃音云：'秀支替戾冈，仆谷劬秃当。'此羯语[⑦]也。秀支，军也。替戾冈，出也。仆谷，刘曜胡位也。劬秃当，捉也。此言军出捉得曜也。"时徐光闻澄此旨，苦劝勒行。勒乃留长子石弘，共澄以镇襄国。自率中军步骑，直诣洛城。两阵才交，曜军大溃，曜马没水中，石堪生擒之，送勒。澄时以物涂掌观之，见有大众，众中缚一人，朱丝约其肘，因以告弘："当尔之时，正生擒曜也。"曜平之后，勒乃僭称赵天王，行皇帝事，改元建平。是岁晋成帝咸和五年也。

勒登位已后，事澄弥笃，时石葱将叛。其年澄诫勒曰："今年葱中有虫，食之必害人，可令百姓无食葱也。"勒班告境内，慎无食葱。到八月，石葱果走。勒益加尊重，有事必谘而后行，号大和尚。

石虎有子名斌，后勒为儿，勒爱之甚重，忽暴病而亡，已涉二日。勒曰："朕闻虢太子死，扁鹊能生。大和尚国中之神人，可急往告，必能致福。"澄乃取杨枝咒之，须臾能起，有顷平复。由是勒诸稚子，多在佛寺中养之。每至四月八日，勒躬自诣寺灌佛，为儿发愿。

至建平四年四月，天静无风，而塔上一铃独鸣。澄谓众曰："铃音云：'国有大丧，不出今年矣。'"是岁七月勒死，子弘袭位。少时，石虎废弘自立，迁都于邺，称元建武。

虎倾心事澄，有重于勒。乃书曰："和尚国之大宝，荣爵不加，高禄不受。荣禄匪顾，何以旌德？从此已往，宜衣以绫锦，乘以雕辇。朝会之日，和尚升殿，常侍以下，悉助举舆；太子诸公，扶翼而上。主者唱大和尚，众坐皆起，以彰其尊。"又敕伪司空李农，旦夕亲问；太子诸公，五日一朝。表朕敬焉。

澄时止邺城内中寺，遣弟子法常比至襄国[⑧]。弟子法佐从襄国还，相遇在梁基城下共宿，对车夜谈，言及和尚，比旦各去。法佐至，始入觐澄。澄逆笑曰："昨夜尔与法常交车共说汝师耶，先民有言，不曰敬乎，幽而不改，不曰慎乎，独而不怠，幽独者敬慎之本。尔不识乎？"佐愕然愧忏，于是国人每共相语："莫起恶心，和尚知汝。"及澄之所在，无敢向其方面涕唾便利者。

时太子石邃有二子在襄国，澄语邃曰："小阿弥比当得病，可往迎之。"邃即驰信往视，果已得病，大医殷腾及外国道士自言能治，澄告弟子法牙曰："正使圣人复出，不愈此病，况此等乎！"后三日果死。石邃荒酒，将图为逆。谓内竖[9]曰："和尚神通，傥发吾谋。明日来者，当先除之。"澄月望[10]将入觐虎，谓弟子僧慧曰："昨夜天神呼我曰：'明日若入，还勿过人。'我傥有所过，汝当止我。"澄常入必过邃。邃知澄入，要候甚苦。澄将上南台，僧慧引衣，澄曰："事不得止。"坐未安，便起，邃固留不住，所谋遂差。还寺叹曰："太子作乱，其形将成，欲言难言，欲忍难忍。"乃因事从容箴虎，虎终不解。俄而事发，方悟澄言。

后郭黑略将兵征长安北山羌，堕羌伏中，时澄在堂上坐，弟子法常在侧。澄惨然改容曰："郭公今厄。"唱云："众僧咒愿。"澄又自咒愿，须臾更曰："若东南出者活，余向则困。"复更咒愿，有顷曰："脱矣。"后月余日，黑略还，自说堕羌围中，东南走马乏，正遇帐下人推马与之。曰："公乘此马，小人乘公马，济与不济，任命也。"略得其马，故获免，推检日时，正是澄咒愿时也。

石虎儿伪大司马燕公石斌，虎以为幽州牧镇，群凶凑聚，因以肆暴。澄诫虎曰："天神昨夜言：'疾收马还，至秋齐当痈烂。'"虎不解此语，即敕诸处收马送还。其秋有人谮斌于虎，虎召斌鞭之三百，杀其所生母齐氏。虎弯弓捻矢，自视行斌罚，罚轻，虎乃手杀五百。澄谏曰："心不可纵，死不可生，礼不亲杀，以伤恩也，何有天子手行罚乎？"虎乃止。

后晋军出淮泗，陇比凡城，皆被侵逼，三方告急，人情危扰。虎乃嗔曰："吾之奉佛供僧，而更致外寇，佛无神矣。"澄明旦早入，虎以事问澄。澄因谏之曰："王过去世，经为大商主，至罽宾寺尝供大会，中有六十罗汉，吾此微身亦预斯会。时得道人谓吾曰：'此主人命尽，当受鸡身，后王晋地。'今王为王，岂非福耶？疆场军寇，国之常耳，何为怨谤三宝，夜兴毒念乎！"虎乃信悟，跪而谢焉。

虎尝问澄："佛法不杀，朕为天下之主，非刑杀无以肃清海内，既违戒杀生，虽复事佛，讵获福耶？"澄曰："帝王事佛，当在体恭心顺，显畅三宝，不为暴虐，不害无辜。至于凶愚无赖，非化所迁，有罪不得不杀，有恶不得不刑，但当杀可杀，刑可刑耳。若暴虐恣意，杀害非罪，虽复倾财事法，无解殃祸。愿陛下省欲兴慈，广及一切，则佛教永隆，福祚方远。”虎虽不能尽从，而为益不少。

虎尚书张良、张离等，家富事佛，各起大塔。澄谓曰：“事佛在于清静无欲，慈矜为心。檀越虽仪奉大法，而贪悋未已，游猎无度，积聚不穷。方受现世之罪，何福报之可希耶？”离等后并被戮灭。

时又久旱，自正月至六月，虎遣太子诣临漳西釜口祈雨，久而不降。虎令澄自行，即有白龙二头，降于祠所，其日大雨，方数千里，其年大收。戎貊之徒，先不识法。闻澄神验，皆遥向礼拜，并不言而化焉。

澄常遣弟子向西域市香。既行，澄告余弟子曰：“掌中见买香弟子，在某处被贼垂死，因烧香咒愿，遥救护之。”弟子后还云：“某月某日于某处为贼所劫，垂当见杀，忽闻香气，贼无故自惊曰：‘救兵已至。’弃之而走。”

虎于临漳修治旧塔，少承露盘。澄曰：“临淄城内，有古阿育王塔，地中有承露盘及佛像，其上林木茂盛，可掘取之。”即画图与使，依言掘取，果得盘像。虎每欲伐燕，澄谏曰：“燕国运未终，卒难可克。”虎屡行败绩，方信澄诫。

澄道化既行，民多奉佛，皆营造寺庙，相竞出家。真伪混淆，多生愆过。

虎下书问中书曰：“佛号世尊，国家所奉，里闾小人无爵秩者，为应得事佛与不？又沙门皆应高洁贞正，行能精进，然后可为道士。今沙门甚众，或有奸宄避役，多非其人，可料简详议真伪。”

中书著作郎王度奏曰：“夫王者郊祀天地，祭奉百神，载在祀典，礼有常飨。佛出西域，外国之神，功不施民，非天子诸华所应祀奉。往汉明感梦，初传其道，唯听西域人得立寺都邑，以奉其神；其汉人皆不得出家。魏承汉制，亦循前轨。今大赵受命，率由旧章，华戎制异，人神流别。外不同内，飨祭殊礼。华夏服礼，不宜杂错。国家可断赵人，悉不听诣寺烧香礼拜，以遵典礼。其百辟卿士，下逮众隶，例皆禁之。其有犯者，与淫祀同罪。其赵人为沙门者，还从四民之服。”伪中书令王波同度所奏。

虎下书曰：“度议云：‘佛是外国之神，非天子诸华所可宜奉。’朕生自边壤，忝当期运，君临诸夏；至于飨祀，应兼从本俗。佛是戎神，正所应奉。夫制由上行，永世作则。苟事允无亏，何拘前代？其夷赵百蛮，有舍于淫祀，乐事佛者，悉听为道。”于是慢戒之徒，因之以厉。

黄河中旧不生鼋，忽得一，以献虎。澄见而叹曰："桓温其入河不久。"温字元子，后果如言也。时魏县有一流民，莫识氏族，恒着麻襦布裳，在魏县市中乞丐，时人谓之麻襦[11]。言语卓越，状如狂病，乞得米谷不食，辄散置大路，云饲天马。赵兴太守籍拔收送诣虎。先是澄谓虎曰："国东二百里，某月某日，当送一非常人，勿杀之也。"如期果至，虎与共语，了无异言，唯道陛下当终一柱殿下。虎不解此语，令送以诣澄。……澄与麻襦讲语终日，人莫能解。……

至虎建武十四年七月，石宣、石韬将图相杀，宣时到寺，与澄同坐。浮图一铃独鸣，澄谓宣曰："解铃音乎？铃云：'胡子洛度'。"宣变色曰："是何言欤？"澄谬曰："老胡为道，不能山居无言，重茵美服，岂非洛度乎！"石韬后至，澄熟视良久，韬惧而问澄，澄曰："怪公血臭，故相视耳。"至八月，澄使弟子十人斋于别室。澄时暂入东阁，虎与后杜氏问讯澄。澄曰："胁下有贼，不出十日，自佛图以西，此殿以东，当有流血，慎勿东行也。"杜后曰："和尚耄耶，何处有贼？"澄即易语云："六情所受，皆悉是贼。老自应耄[12]，但使少者不惛。"遂便寓言，不复彰的。后二日，宣果遣人害韬于佛寺中，欲因虎临丧，仍行大逆。虎以澄先诫，故获免。及宣事发被收，澄谏虎曰："既是陛下之子，何为重祸耶？陛下若含怒加慈者，尚有六十余岁，如必诛之，宣当为彗星，下扫邺宫也。”虎不从，以铁锁穿宣颔，牵上薪积而焚之，收其官属三百余人，皆轘裂肢解，投之漳河。……

至十一月，虎大飨群臣于太武前殿。澄吟曰：“殿乎！殿乎！棘子成林，将坏人衣。”虎令发殿石下视之，有棘生焉。澄还寺，视佛像曰：“怅恨不得庄严。”独语曰：“得三年乎？”自答：“不得，不得。”又曰：“得二年、一年、百日、一月乎？”自答：“不得。”乃无复言。还房谓弟子法祚曰：“戊申岁祸乱渐萌，己酉岁石氏当灭。吾及其未乱，先从化矣。”即遣人与虎辞曰：“物理必迁，身命非保，贫道炎幻之躯，化期已及，既荷恩殊重，故逆以仰闻。”虎怆然曰：“不闻和尚有疾，乃忽尔告终。”即自出宫寺而慰喻焉。澄谓虎曰：“出生入死，道之常也。修短分定，非所能延。夫道重行全，德贵无怠。苟业操无亏，虽亡若在。违而获延，非其所愿。今意未尽者，以国家心存佛理，奉法无吝，兴起寺庙，崇显壮丽，称斯德也，宜享休祉。而布政猛烈，淫刑酷滥，显违圣典，幽背法戒，不自惩革，终无福祐。若降心易虑，惠此下民，则国祚延长，道俗庆赖。毕命就尽，没无遗恨。”虎悲恸呜咽，知其必逝，即为凿圹营坟。至十二月八日，卒于邺宫寺，是岁晋穆帝永和四年也。士庶悲恸哀号，奔赴倾国。春秋一百一十七矣，仍窆[13]于临漳西紫陌，即虎所创冢也。俄而梁犊作乱，明年虎死。冉闵篡戮，石种都尽。闵小字棘奴，澄先所谓“棘子成林”者也。

注释

①**区夏**：犹言诸夏。《书·康诰》：“用肇造我区夏。”

②**四灵**：指麟、凤、龟、龙。

③**彗孛**：“彗”即彗星，我国古代称之为“妖星”，通常叫“扫帚星”；“孛”乃彗星之别名。《公羊传·昭公十七年》：“冬，有星孛于大辰。孛者何？彗星也。”

④**休咎**：“休”即吉庆；“咎”即灾祸。“休咎”即吉凶之意。

⑤**隍堑**：“隍”，没有水之护城河；“堑”，护城壕沟。

⑥**相轮**：佛塔中，平头以上轮盘形，又作承露盘、轮盖。

⑦**羯语**：“羯”，一为佛教中悉昙五十字门之一；二指古族名，魏晋时，散居于上党郡（今山西潞城附近各县），信奉祆教。晋时，羯人石勒建立后赵，为十六国

之一。“羯语”当为羯族古族语。

⑧**襄国：**古县名，位于今河北邢台西南。

⑨**内竖：**古代宫内传达王命的小吏，后作为宦官之通称。

⑩**月望：**农历每月十五日。

⑪**麻襦：**麻布短袄。

⑫**耄：**昏乱。《楚辞·七谏·怨世》：“心悼怵而耄思。”

⑬**窆：**落葬。《周礼·地官·乡师》：“及窆，执斧以莅匠师。”

译文

佛图澄，西域（或云天竺）人，俗姓帛，少年出家，清真务学，读诵经论数百万言，善于阐析文义。虽然未曾读过汉地儒家典籍，但与诸儒生、学士论辩儒典中的文义，剖析其中的疑难，则暗若符契，很少有人能胜过他。曾两度到罽宾，依止名师修学，西域人都认为他是得道高僧。

于晋怀帝永嘉四年（公元三一〇年）来到洛阳，立志弘扬佛法。擅长念诵神咒，能驱役鬼怪，以麻油混合胭脂，涂抹于掌心，则千里之外发生的事，都历历显现于手掌心，就如眼前的事一般，同时也能让持斋清净的人同睹其境。另外，他还能闻铃声以预言，且无不灵验。他在洛阳弘扬佛法时，准备创建佛寺，正好碰上前赵刘曜攻打洛阳，一时京都民众惶惶不安，建寺之志遂没能实现，于是他就避难隐遁于草野山泽之中，静观时局的变化。

当时，刘曜的大将军石勒屯兵于葛坡（今河南新蔡），专靠残暴的手段维持其统治，沙门中遇害的人很多。佛图澄怜悯众生，准备用佛法化导石勒，于是毅然到石勒之军营去。石勒的大将郭黑略信奉佛教，佛图澄就前往他的营帐。郭黑略曾受过五戒，尊佛图澄为师。后来，郭黑略跟随石勒到处征战，佛图澄经常为之预测胜负，石勒很感疑惑，就问郭黑略："看不出你有出众之谋略，而往往能预先知道每次征战之吉凶，究竟是什么缘故？"郭黑略曰："将军威武神勇，连天神也在暗中帮助你，今有一沙门，智慧、谋略超群出众，称将军日后必一统华夏，而他则是国师。我最近的许多预测，都是他所说的。"石勒十分高兴地说："真是天助我矣。"遂召见佛图澄，问道："佛教有什么灵验？"佛图澄知道石勒乃一介武夫，不懂得太深的佛教义理，正适宜于先用道术取信于他，因此就说："佛道虽然博大精深，但也可以用眼前的一些事例来证明。"于是取来一个器皿，盛满水，然后烧香念咒，不一会儿功夫，水中即生出莲花，光芒四射，石勒由此而信服。佛图澄就趁机进谏道："为王者以德治天下，则四灵（麟、凤、龟、龙）出现，以表祥瑞；如果政治黑暗道德衰败，则天上就出现彗星，以示谴告。一切吉凶祸福，都是与人们善恶行为相对应的，这乃是古今不易之法则，也是天人相通、天人交感之表现。"石勒很赞赏他所说的话，因此，凡是原来准备杀而尚未杀掉的，十有八九都被赦免了。于是，中原一带的民众，不论是那哪个民族的，都皈依佛门。当时，有一些患有疑难杂症的病人，找遍天下名医都治不好，佛图澄即为之治病，很快就痊愈了。而他暗中所帮助的人，更是不可胜数。

当石勒率军队从葛坡返回河北路过枋头时，枋头人准备当夜偷袭其军营。佛图澄就对郭黑略说："今晚有人来袭营，可通报主公。"那天晚上，果然有人来袭营，因早有准备，故损失不大。有一次，石勒想试探一下佛图澄的神通，就在那天夜里，身披战袍，头戴钢盔，手持大刀而坐，并派人去告诉佛图澄："大将军今晚不知到哪里去了？"那个人刚到佛图澄住处，还未开口说话，佛图澄就说："今晚并无寇贼，何故戒备森严，石大将军全副武装呢？"那人赶快回报石勒，石勒自此之后对佛图澄更加敬重。

后来，石勒因有事发怒，欲杀诸道士并要让佛图澄难堪，佛图澄就避至郭黑略住处，并对弟子说："若大将军追问我去那里，就说不知道到哪里去了。"后来，石勒手下人到处寻找，始终没有找到佛图澄，便回去报告石勒，石勒大吃一惊，曰："我对他不怀好意，他就离我而去了。"于是寝食不安，十分想见到佛图澄。佛图澄知道石勒已深感后悔，第二天一早，就去见石勒。石勒曰："你昨晚到哪里去啦？"佛图澄曰："昨晚你有恚怒之心，故暂时回避，现在你已回心转意，所以就回来了。"石勒大笑道："怎么会呢？你误会啦。"

襄国城壕里的水是从城西北五里团丸祠下流来的，有一次，水源突然枯竭了。石勒就问佛图澄："怎样才能弄来水呢？"佛图澄答道："现在应当敕龙。"石勒字"世龙"，他以为佛图澄在嘲笑他，就说："正因为龙没办法致水，所以才来问你。"佛图澄道："这是真话而非戏言。因为泉水之源头，必有神龙居住，现在到那里敕令神龙降水，水必可得。"就与弟子法首等人，到泉水之源头处。只见该处枯竭已久，龟裂斑驳，跟他一起去的人都很怀疑，认为水不容易得到。只见佛图澄很快就端坐于临时搭起的绳床上，点燃安息产之妙香，念咒祝愿数百言。如此做了三日，水就开始流出来了，并有一条小龙，长约五六寸，随水流而出，众道士争先恐后去观看，佛图澄说："此龙有毒，别碰到它。"不久时间，水滚滚而出，注满了整个城壕。

有一次，佛图澄坐着叹息道："日后有一小人，在此惹是生非。"后来，果真有一襄国人，名叫薛合，有两个儿子，都既小且骄，戏弄一鲜卑族的奴仆。该奴仆终被激怒，拔刀刺杀其弟，把其兄抓进房子里，并对薛合说："把我送回国去，我就放你的儿子，不然，我与他一起死在这里。"一时大众惊恐，纷纷前往围观，连石勒也去看视，并对薛合说："把那个奴仆送回国去，以保全你儿子的性命，这对你固然是件好事，但此先例一开，必遗下无穷后患，你要想得开。"就令人抓那个奴仆。那奴仆就把薛合的大儿子杀死而后自杀。后来，鲜卑族人段波派兵攻打石勒，石勒颇是恐惧，就问佛图澄该如何办。佛图澄曰："依昨日寺铃的鸣声推算，明天吃早饭时段波就会被擒。"石勒登城远望，只见敌军黑压压的到处都是，大惊失色道："敌军铺天盖地，段波怎么可能被擒呢？是佛图澄用此话安慰我吧！"马上又派夔安去问佛图澄。佛图澄曰："段波已被擒了。"当时城北伏兵出击，正碰上段波，就把他掳获了。佛图澄劝石勒宽容段波，把他放回国去，石勒从之，后来终于派上了用场。

当时刘载已死，刘载之堂弟刘曜篡位称王，年号光初。光初八年（公元三二五年），刘曜派遣堂弟中山王岳，率兵攻打石勒。石勒派石虎率步骑兵抵拒，大战于洛西。刘岳被打败，退守到石梁坞。石虎在附近安营扎寨，把刘岳团团围住。当时，佛图澄与弟子从官寺到中寺去，刚入寺门，就长叹道："刘岳可怜啊！"弟子法祚问其何以哀叹，佛图澄说："昨日亥时，刘岳已被擒了。"后来一询问，果如他所言。光初十一年（公元三二八年），刘曜亲自率兵攻打洛阳，石勒想亲自率兵去抵御刘曜，众大臣都劝谏他不宜亲自出马。石勒就问佛图澄，佛图澄曰："相轮铃声云：'秀支替戾冈，仆谷劬秃当。'这是羯族语，意谓军队出师能捉到刘曜。"当时徐光听到此事后，极力劝谏石勒。石勒乃留长子石弘，与佛图澄一起镇守襄国，自率中军步骑兵，直抵洛阳。两军一交战，刘曜的军队大败，刘曜的马匹跌入水中，石勒轻而易举把刘曜活捉了。当时，佛图澄在手掌涂上药物，从掌中观看到有很多人，其中有一个人被绳索捆绑着，佛图澄就告诉石弘，此正是生擒刘曜时之情景。打败了刘曜之后，石勒乃自立为帝，称"赵天王"，行皇帝事，改年号为建平，其时是晋成帝咸和五年（公元三三〇年）。

石勒称帝之后，对佛图澄更加崇信。当时石葱将反叛，佛图澄就对石勒说："今年葱中有虫，食之必害人，可下令叫百姓不要食葱。”石勒就诏告全国不要食葱。到八月，石葱果然悄悄逃走了。石勒对佛图澄更加崇敬，凡遇大事，必先向佛图澄请教而后进行，并称之为“大和尚”。

石虎有一儿子名斌，石勒对他极是宠爱，突然暴病而亡，已死了两日。石勒说：“我听说虢国的太子死了，扁鹊又救活他。大和尚是国中之神人，可赶快去告诉他，他必定能使石斌起死回生。”佛图澄就取一支杨枝并念动咒语，过了片刻工夫，石斌果真能坐起来了，不久就痊愈了。从此石勒就把自己的幼子，都送到佛寺寄养，每年四月八日佛诞节时，石勒都亲自到寺中浴佛，为儿子发愿祈福。

建平四年四月某一天，天静无风，而塔上的一个铜铃却发出嗡嗡的响声，佛图澄就对大家说：“铃声云：‘国有大丧，不出今年。’”果然到了七月，石勒就去世了。其子石弘继位。因石弘年纪很小，石虎就废弘自立为帝，迁都于邺城，改元建武。

石虎对佛图澄之崇信较之石勒更甚。曾下诏书曰：“大和尚乃国之大宝，荣爵不加，高禄不受。而如果爵禄全无，又如何显其尊、彰其德呢？从此以后，应该衣以绫锦，乘以雕辇，朝会之日，大和尚升殿时，常侍以下官员，都得扶他下车；太子诸公，都得扶他上殿。当主持者喊大和尚到时，众大臣都必须起立，以显其尊、彰其德。”并且敕令司空李农早晚问候，太子诸公五日一朝。借此以表对他之崇敬。

由于石虎迁都邺城，佛图澄也被请至邺城寺中。有一次他派遣弟子法常到襄国去办事，另一个弟子法佐则从襄国往回走，两人在梁基城下相遇。那天晚上两人就对车夜谈，常语及佛图澄。后来，法佐回到邺城后，就去觐见佛图澄，一见面，佛图澄就笑着对法佐说：“昨天夜里你同法常对车而谈，在背后谈论师父，这样做对吗？古人有言：修心养性，即使在幽静时也不放松，即使在独处时也不懈怠，幽居独处，最是修行之紧要时节，你们难道不懂得这一点吗？”法佐惊愕不已，既惭愧又后悔。于是国中的民众常在一起说道：“莫起恶心哦，大和尚都知道的。”佛图澄在场时，没有人敢朝他那个方向吐唾沫和大小便。

当时，太子石邃有两个儿子在襄国，有一天佛图澄对石邃说：“你的小阿弥最近生病，你还不赶快把他接回来。”石邃就派人去探视，其儿子果然已患重病，赶忙请医生诊治。太医殷腾及一些外国道士自称能治好其病，佛图澄告诉弟子法牙：“即使圣人再出世，也没法治此病，何况这些凡人俗子！”三天后石邃的儿子果然死去。太子石邃耽于酒色，并且图谋弑父，及早登基，他对太监说："佛图澄神通广大，一定能知道我的阴谋，明日他来时，应当先除掉他。"佛图澄在月圆时将去朝见石虎，对弟子僧慧说："昨夜天神告诉我，明日入朝，不要到别处去，如果我届时欲到别处去，你应当制止我。"平时佛图澄入朝时都顺道去看望石邃。石邃预计佛图澄这次仍会去看望他，就在房里等候，等了很久时间。那天佛图澄朝觐过石虎后，又准备去看望石邃，僧慧赶忙拽住佛图澄的衣服，劝他不要去。佛图澄说："不能不去。"但去到东宫太子处刚坐下不久，就起身辞别了，石邃留他不住，谋害他的阴谋终于落空。佛图澄回到寺里后长叹道："太子谋反作乱，其势已成，想对石虎说吗，天机不可泄露，不对石虎说吗，又过意不去。"就用一些隐语箴劝石虎，石虎终不解其意。不久石邃谋反事发，石虎才醒悟佛图澄话中之玄机。

后来，郭黑略率兵征讨长安北山之羌族，陷入敌军之包围圈中，当时佛图澄坐在法堂之上，弟子法常坐在其旁边。突然佛图澄脸色陡变，惨然而言："郭公今日大难临头了。"就叫众僧烧香咒愿。过了片刻时间，又说："若从东南逃出者，则可活命。如果逃向别处，就危险了。"又继续咒愿。过了一会儿功夫，又说："已经脱险了。"后来，郭黑略自说那次被羌族围困之事，当他从东南逃后，自己的座骑已累得走不动了，正好其部下的人给了他一匹马，并说："你坐此马，而我则骑你的马匹，能否逃脱，一切只好听从命运的安排了。"郭黑略得其马后，果然逃脱了，推算日期，正是佛图澄念咒祝愿之时。

石虎派其儿子石斌镇守幽州，石斌纠集许多凶残之徒，为非作歹。佛图澄告诫石虎道："昨天天神对我说：'赶快把马收回来，不然到秋天时必定有灾难。'"石虎不解其意，下令各处收马。那一年秋天，有人就对石虎说了一些石斌的所作所为，石虎把石斌召回，并打了他三百大板，把其生母齐氏杀掉。在拷打石斌时，石虎还亲自监督，如果打得轻了，他就亲自再打五百下。佛图澄劝谏石虎曰："人心不可放纵，人死不可复生，就礼上说，惩罚亲人不宜亲自出面，如此会伤害感情，哪有天子亲自用刑的？"石虎乃罢了。

后来，晋军来攻打石虎，城被围困，各方告急，人心惶惶。石虎怒不可遏，曰："我信仰佛法，供养僧众，反而内忧外患不断，佛无灵验也。"佛图澄第二天入朝，石虎就把此想法告诉佛图澄。佛图澄对石虎说："你过去世是一个大商人，曾到罽宾国的佛寺里设斋供养僧众，当时有六十位罗汉，我是其中的一位。当时有一位阿罗汉曾对我说：'这位施主命尽之后，当受报鸡身，鸡身之后，即投生到汉地为王。'今你为王，难道不是往日所做功德的福报吗？疆场战事，国之常情，又怎能怨谤三宝，而且心生恶念呢！”石虎方才醒悟，跪而谢佛图澄。

石虎又曾问佛图澄：“佛法不准杀生，我为帝王，完全无刑杀难以治理国家。既违戒杀生，即使事佛，又怎能获福呢？”佛图澄曰：“帝王事佛，主要应在崇敬、信仰、弘扬三宝，不残暴，不滥杀。至于那些凶愚无赖，则非是教化所能使他们弃恶从善。有罪则不得不杀，有恶则不得不用刑，但所杀者应当是那些当杀之人，所刑罚者应当是那些应当刑罚之人。若用刑不当，滥杀无辜，就是倾尽家中资财以事佛，也逃脱不了恶报。愿陛下节欲兴慈，广做善事，则佛教永远隆盛，国运就能长久。”佛图澄所说的，石虎虽然未能全部做到，但得益不少。

石虎之尚书张良、张离等，家中都很富有，也都信仰佛教，虔诚事佛，各起佛塔。佛图澄曰：“事佛在于清静无欲，慈悲为怀，施主虽然信奉佛法，而贪得无厌，游猎无度，敛集财富，现世做恶，怎么能得到福报呢？”张离等后来都被杀身死。

又，当时适逢大旱，从正月至六月，石虎派太子到临漳西釜口祈雨，但都求不到雨。石虎就令佛图澄亲自去祈雨，即有二条白龙降于祠堂上，随后方圆数千里都下起了大雨，那一年大获丰收。有一些愚昧之辈，原来都不识佛法，听说佛图澄的神验后，都在各处遥向他礼拜，并不言而化。

佛图澄经常派遣弟子到西域买香，出发后，佛图澄就对其余的弟子说："我在掌中看到去买香之弟子，遭到贼人杀害，生命垂危，我烧香念咒遥救之。"买香的弟子回来后说："我于某月某日于某处遭到贼人抢劫，并准备把我杀死，正要动手，忽然一阵香气飘来，那些贼人都十分惊慌，说道：救兵来到。遂四处逃跑了。"

石虎在临漳修建旧塔，少一个承露盘。佛图澄曰："临淄城内有一个阿育王塔，地中有承露盘及佛像，其上则树木茂盛，可以前去掘取。"即绘图交予使者，使者依图挖掘，果然挖得承露盘及佛像。石虎常想讨伐燕国，佛图澄就劝谏他道："燕国国运尚未衰败，很难被征服的。"石虎果然屡攻屡败，才相信佛图澄的劝诫。

由于佛图澄大扬佛法，当时民众大多信佛，建造了不少的寺庙，出家为僧者也很多。如此一来，难免真伪混杂，遂使沙门出现了一些伪劣之徒、犯戒之举。

石虎致书问中书令："佛称世尊，国家所信奉，一般之平民百姓，可以信佛吗？又，沙门本来应该都是一些高洁之士，能行精进，然后方可以为道士，但眼下皈依佛门者，鱼龙混杂，有的是为逃避差役而进入佛寺的，有的则是作奸犯科之人，应该辨其真伪，进行料简。”

中书著作郎王度奏曰：“王者郊祀天地，祭奉百神，凡那些于民无益的神灵，都不是天子、国家所应当祭祀的。过去汉明帝夜梦神人，派人前去西域求法，佛教才开始传入中土。当时只允许西域僧人在都市中建立寺庙，以祭其神，汉人皆不得出家为僧。魏承汉制，规矩同于汉朝。今大赵（指后赵）受天之命，应该遵循上代之规矩，华夏与胡戎制度有异，族类也不同。外不同于内，信奉的神明不相同，祭祀的对象也各异。华夏之服章、礼教不宜错杂。今可诏令全国，凡是华人，不准到寺院里去烧香礼佛，以遵传统典制。从公卿至平民百姓，一律照此办理，如有违犯者，与淫祀同罪。凡是汉人已为僧侣者，一律还俗，退归乡里。”中书令王波与王度的主张相同。

石虎下诏书曰：“王度奏云：‘佛是外国之神，非是天子、华夏诸国所应尊奉。’我就是西域之人，奉天承运，统一诸夏；至于祭祀，应遵从本俗。佛是西域之神，正应该尊奉。举凡礼制，皆由上制定，再推向全国，只要对于当代政治、教化无害的，又何必一定要拘泥于上代的制度呢？因此，凡是不事淫祀而乐于事佛者，不论是哪个地域、民族的，悉听其事佛修道。”于是出家的人很多，那些伪劣之徒得以混迹其间。

黄河之中，原不产大鳖，忽然有人捕到一只大鳖，并把它奉献给石虎。佛图澄见而叹道："桓温不久就要进攻黄河流域了。"桓温字元子，后来果然进攻黄河流域，印证了佛图澄的预言。其时，魏县有一个外来的流民，不知何方人氏，经常身穿麻短衫，在魏县中行乞，当地的人都称他"麻襦"（即麻布短袄）。此"麻襦"很善言语，其状有如狂癫，乞到的食物自己不吃，而把它撒于路上，说是给天马吃。赵兴太守籍拔把他收容起来，并送给石虎发落。先前佛图澄曾对石虎说："某月某日，会送一个不平常的人来，千万不要杀他。"到了佛图澄所说的时间，果然送来了这个"麻襦"。石虎就跟他谈话，他并没有说出什么很特别的话，只有一句话说得颇耐人寻味，他说陛下当终于一柱殿之下。石虎当时也不解其意，就令人把他送到佛图澄那里。……佛图澄与之对谈终日，大家都不知道他们谈的是什么内容。……

至后赵建武十四年（公元三四八年）七月，石宣与石韬各密谋相互残杀对方。有一天石宣到佛寺去看望佛图澄，两人对坐而谈，当时佛塔上一个铜铃忽然作响，佛图澄对石宣说："你懂得铃音的意思吗？铃声说：'胡子落度。'"石宣脸色陡变，吃惊地问："是什么意思啊？”佛图澄用假话搪塞道：“我老胡子（西域人）不能在深山中隐遁潜修，反而在繁华京都锦衣玉食，岂不是‘落度’吗！”后来，石韬也去看望佛图澄，佛图澄久久地看着他。石韬因心中有鬼，就很恐惧地对佛图澄说：“你怎么这样看着我？”佛图澄曰：“你全身充满血腥之味，我觉得很奇怪，所以就老瞪着你看。”到那一年八月，佛图澄派弟子十人移至别处斋戒，他自己则暂时进入东阁居住。有一天，石虎与皇后杜氏一起看望佛图澄，佛图澄说：“胁下有贼，可能在十日之内就会有人作乱，自佛寺以西，此殿以东的范围内，会有流血事件发生，这段时间内你最好不要随便到东面去走动。”皇后曰：“大和尚也许年纪大，糊涂了，哪里有贼呢？”佛图澄随即改口道：“人之六情所受，悉皆是贼，我和尚年老糊涂了，但愿你们年轻人不要昏昧、糊涂。”而不把事情挑明。过了两天，石宣果然派人把石韬害死在佛寺里。本来还想趁石虎前去祭悼石韬时把石虎也杀掉，因为石虎听从佛图澄的劝告，没有前去佛寺祭悼，才免此大难。等石宣杀害石韬事发之后，石宣被关进了大牢。佛图澄劝谏石虎曰：“石宣毕竟是你的儿子，惩治不宜太重，以免再生祸患。如果你能免其死罪，他还可活六十岁，如果一定要治他死罪，他死之后，则会化为彗星，下扫邺宫。”石虎不听从佛图澄的劝谏，就用铁锁穿过石宣的嘴，把他放到柴堆上活活烧死，又把他属下三百多人，肢解分尸，投入漳河。……

建武十四年十一月，石虎在太武前殿大宴群臣，佛图澄吟唱道："殿乎！殿乎！棘子成林，将坏人衣。"石虎就令人挖开殿前的石头，见下面长满棘子。佛图澄回到佛寺，对着佛像说："怅恨不得庄严。"过后自言自言地说："还能有三年的时间吗？"又自答道："没有了，没有了。""还能有二年、一年、百日、一月的时间吗？"又自答道："没有了，没有了。"说完就默默不语了。随后对弟子法祚曰："戊申年，祸乱已渐渐萌生，到了己酉年，石虎则亡国。吾要趁战乱未起，先行圆寂。"就派人向石虎辞别，曰："物理无常，人不可能长生不死。贫道乃一幻化之身，今化期已至。因深蒙陛下之恩德，所以预先向你秉报一声。"石虎闻讯，极是悲感，怆然曰："不曾听说大和尚有病，怎么突然说出要圆寂的话呢？"就亲自去看望他。佛图澄对石虎说："生之与死，乃道之常则，生命长短，不是人力所能决定的。如果道行、德操、事业都能圆满，虽然形体消失了，而其精神却可永存。我不愿意违反事物之常则而延长自己的生命。我于今最惦念的，是陛下一方面崇奉佛法，大兴寺塔，这实在功德无量，应该得到福报；而另一方面，陛下又为政严苛，用刑酷烈，此实有违圣典，更悖佛戒，如果陛下不革除这些弊端，则终难获得福佑。如果你能平心静虑，施惠于民，则国祚久长，道俗称庆。倘能如此，我死而无憾矣。”石虎听后，悲恸万分，放声大哭。知道他将入灭，就下令为他兴建墓场。到十二月八日，卒于邺宫寺，那一年正是晋穆帝永和四年（公元三四八年）。倾国举哀，士庶悲恸。世寿一百一十七，葬于临漳西面的紫陌，亦即石虎为他建造的墓场。过了不久，梁犊作乱，第二年石虎死去。后冉闵篡位，把石氏都砍尽杀绝。冉闵小字棘奴，亦即佛图澄早先所说“棘子成林”。

5　习禅

晋剡隐岳山帛僧光

原典

帛僧光，或云昙光，未详何许人，少习禅业。晋永和初，游于江东，投剡[①]之石城山，山民咸云："此中旧有猛兽之灾，及山神纵暴，人踪久绝。"光了无惧色，雇人开蓢，负杖而前。行入数里，忽大风雨，群虎号鸣。光于山南见一石室，仍止其中，安禅合掌，以为栖神之处。至明旦雨息，乃入村乞食，夕复还中。经三日，乃梦见山神，或作虎形，或作蛇身，竞来怖光，光一皆不恐。经三日，又梦见山神，自言移往章安[②]县韩石山住，推室以相奉。尔后薪采通流，道俗宗事，乐禅来学者，起茅茨于室侧，渐成寺舍，因名隐岳。

光每入定，辄七日不起。处山五十三载，春秋一百一十岁。晋太元之末，以衣蒙头，安坐而卒。众僧咸谓依常入定，过七日后，怪其不起，乃共看之，颜色如常，唯鼻中无气，神迁虽久，而形骸不朽。至宋孝建二年，郭鸿任剡，入山礼拜，试以如意拨胸，飒然风起，衣服消散，唯白骨在焉。鸿大愧惧，收之于室，以砖壘其外而泥之，画其形像，于今尚存。

注释

①**剡**：今浙江嵊州西南。

②**章安**：今江苏宜兴。

译文

帛僧光，或者称为昙光，俗家姓氏及祖籍不详，少年出家习禅。晋永和初年游学于江东，止住于剡（今浙江嵊州西南）的石城山，当地的山民告诉他："此山中原有猛兽，屡屡伤人，且常有山神鬼怪作祟，故行人很少到山上去，更没有人敢在山中居住。"僧光听后毫无惧色，雇人在荆棘丛上开出了一条路，自己就进山去了。走了几里路，忽然狂风大作，大雨滂沱，猿啼虎啸。僧光并没有被吓住，继续往前走。走到山南面时，见有一个石室，就在石室中合掌打坐，作为修禅之处。第二天大雨就停了，他下山到村庄里去乞食，晚上又回到石室中。如此在山上住了三日，乃梦见山神或作虎形或作蛇身竞相来吓他，但他一点也不怕。再过三天，又梦见山神对他说："我们要移到章安县（今江苏宜兴）韩石山去居住，此石室就让给你吧。"后来，到山上去砍柴的人也逐渐多了起来，还经常有一些人到山上去拜访他，而那些参禅问道者，则在石室旁盖起简易草房，后来这些房子又逐渐改建成为寺舍，遂名为隐岳。

僧光每次入定，则七日不起。在山上住了五十三年，世寿一百一十，于晋太元末年，用衲衣蒙头，安坐而卒。众僧都以为他跟平常一样入定。七天以后，怎么还不起来，于是大众去看他。从表面看，形色与平时无异，只是已无气息。虽然入灭已久，但形体不朽烂。到宋孝武帝孝建二年（公元四五五年），郭鸿任职于剡，遂入山礼拜，他试以如意拨其胸，突然风起，披在僧光身上的衲衣消散，只剩下一具骷髅，郭鸿大吃一惊，就收殓其遗骨，把它放在石室中，用砖塞住洞口，然后用泥土把洞口封上，在泥墙上画上其画像，此画像于今尚存。

6　明律

齐京师建初寺释僧祐

原典

释僧祐，本姓俞氏，其先彭城下邳[1]人。父世居于建业。祐年数岁，入建初寺礼拜，因踊跃乐道，不肯还家。父母怜其志，且许入道，师事僧范道人。年十四，家人密为访婚，祐知而避至定林，投法达法师。达亦戒德精严，为法门梁栋。祐师奉竭诚，及年满具戒，执操坚明。

初，受业于沙门法颖。颖既一时名匠，为律学所宗。祐乃竭思钻求，无懈昏晓，遂大精律部，有迈先哲。齐竟陵文宣王，每请讲律，听众常七、八百人。永明中，敕入吴，试简五众，并宣讲《十诵》，更伸受戒之法。凡获信施，悉以治定林、建初，及修缮诸寺，并建无遮大集、舍身斋等。及造立经藏，搜校卷轴，使夫寺庙广开，法言无坠，咸其力也。

祐为性巧思，能自准心计，及匠人依标，尺寸无爽。故光宅摄山大像、剡县石佛等，并请祐经始，准画仪则。今上深相礼遇，凡僧事硕疑，皆敕就审决。年衰脚疾，敕听乘舆入内殿，为六宫受戒，其见重如此。

开善智藏、法音慧廓，皆崇其德素，请事师礼。梁临川王宏、南平王伟、仪同陈郡袁昂、永康定公主、贵嫔丁氏，并崇其戒范，尽师资之敬，凡白黑门徒一万一千余人。以天监十七年五月二十六日，卒于建初寺，春秋七十有四。因窆于开善路西，定林之旧墓也。弟子正度，立碑颂德，东莞刘勰制文。初祐集经藏既成，使人抄撰要事，为《三藏记》、《法苑记》、《世界记》、《释迦谱》及《弘明集》等，皆行于世。

注释

①**彭城下邳：**今江苏睢宁西北。

译文

释僧祐，俗姓俞，祖先彭城下邳（今江苏睢宁西北）人，其父始迁居建业（今南京）。僧祐还很小的时候，有一次跟大人一起去建初寺拜佛，结果一至寺里，就欢欣跳跃，十分高兴，甚至不愿意回家。其父母成全了他的意愿，让他出家学佛，师事僧范道人。十四岁时，家里的人暗中为他定下一门亲事，僧祐知道以后，就悄悄避至定林寺，从法达法师受学。法达法师戒行精峻，乃当时沙门之栋梁。僧祐对法达法师非常崇敬，修习很是精勤，到二十岁时，德操卓越、坚定。

起初，僧祐师事过法颖法师。法颖法师也是当时的佛门名匠，尤精律学，僧祐修习专心致志，夜以继日，终于精通律藏，甚至超过前贤往哲。齐竟陵王每一次请他讲律，听众常有七八百人。永明年间，敕他入吴，让他甄选五众，并请他讲《十诵律》及受戒之法。凡是被他看中的，都被派去定林寺、建初寺进一步修学。他修缮各寺，并建无遮大会、舍身斋，还整理经藏，校阅经卷，使得寺门广开，佛法隆盛，这些都是僧祐的功劳。

僧祐天机聪颖，悟性过人，佛像等能自行设计，等匠人建造时，竟然尺寸不差，如光宅摄山大像、剡县石佛等，都是由僧祐倡议建造的，且是他亲自设计的。当朝的皇帝对他十分崇敬，凡是佛界中难以处理的事，都交他审定。晚年患脚疾，特允许他乘车入内殿，为六宫受戒，其受尊崇、推重，一至于此。

开善智藏、法音慧廓，都推崇僧祐之道行、德操，请求拜他为师。梁临川王宏、南平王伟、陈郡袁昂、永康定公主、贵嫔丁氏等，都十分赞赏他的律学造诣，像对待自己老师一样尊敬他，其僧俗二界的弟子、学生达一万一千多人。于天监十七年（公元五一八年）五月二十六日卒于建初寺，世寿七十四。葬于开善路西定林寺之墓地。弟子正度，为他立碑撰颂，东莞刘勰撰文。起初，僧祐搜集经藏完毕，让人代抄提要，亦即后来之《出三藏记集》、《法苑记》、《世界记》、《释迦谱》及《弘明集》等，这些都流行于世。

7 忘身

宋彭城驾山释昙称

原典

释昙称，河北人，少而仁爱，惠及蜫虫。晋末至彭城，见有老人，年八十，夫妻穷悴，乃舍戒为奴，累年执役。而内修道德，未尝有废，乡邻嗟之。及二老卒，佣赁[①]获直，悉为二老福用，拟以自赎。事毕，欲还道，法物未备。

宋初彭城驾山下虎灾，村人遇害，日有一两，称乃谓村人曰："虎若食我，灾必当消。"村人苦谏，不从。即于是夜独坐草中，咒愿曰："以我此身，充汝饥渴，令汝从今息怨害意，未来当得无上法食。"村人知其意正，各泣拜而还。至四更中，闻虎取称，村人逐至南山，啖身都尽，唯有头存。因葬而起塔，尔后虎灾遂息。

注释

①**佣赁：**受雇为人劳役。

译文

释昙称，河北人，幼年时就富有仁爱之心，不敢踏伤蝼蚁。晋代末年到彭城，见有一对老夫妇，两人相依为命，家中穷困潦倒，昙称就还俗去他家当奴仆，终年一边劳作，一边修道，从未曾间断过，众乡邻都十分赞叹。二老去世后，他又舍身给别人为奴，所获钱财，都用于料理二老之后事。役期满后，欲回寺院为僧，但法物未备，未能如愿。

其时，彭城驾山下发生虎灾，村里的百姓每天都有一二人死于虎口，昙称就对村里的老百姓说："老虎如果吃了我，就不会再吃别人，虎患也就不复存在了。"村里百姓苦苦相劝，他执意不从。于是就在当天夜里独坐于草丛之中，咒愿曰："以我之身躯，让你饱餐一顿，请你今后不要再害其他人，未来当得无上法食。"村里的人知道他用心所在，都痛哭与之辞别。到那天晚上四更时分，大家听到老虎把昙称叼走，遂追至南山，看见昙称已被吃得只剩下头颅了，大家就把他的头颅收殓起来，并为之立塔。后来，当地的虎患果然消失了。

8 诵经

晋蜀三贤寺释僧生

原典

释僧生，姓袁，蜀郡郫[1]人。少出家，以苦行致称。成都宋丰等，请为三贤寺主，诵《法华》，习禅定。

尝于山中诵经，有虎来蹲其前，诵竟乃去。后每至讽咏，辄见左右四人为侍卫。年虽衰老，而翘勤弥厉。后微疾，便语侍者云："吾将去矣，于后可为烧身。"弟子谨依遗命。

注释

①**郫**：在今四川平原中部。

译文

释僧生，俗姓袁，四川郫（位于四川平原中部）人。少年出家，以苦行著称，成都宋丰等，请他去三贤寺当寺主。他诵《法华》等经不辍，同时修习禅定。

有一次，他在山中诵经，有只老虎来蹲在他跟前，他诵完经后，老虎自行离去。后来，每次诵经时，则见左右有四人给他当侍卫。到了晚年，仍诵经不歇。有一次，他身体略有不适，便对侍者说：“我将入寂了，我死后可把我的身体火化掉。”其弟子遵其遗嘱，火化了他的遗体。

9　兴福

宋京师释僧亮

原典

释僧亮，未知何许人，少以戒行著名。欲造丈六金像，用铜不少，非细乞能办，闻湘州界铜溪伍子胥庙多有铜器，而庙甚威严，无人敢近，亮闻而造焉。告刺史张劭，借健人百头，大船十艘。劭曰："庙既灵验，犯者必毙，且有蛮人守护，讵可得耶？"亮曰："若果福德，与檀越共；如其有咎，躬自当之。"劭即给人船，三日三夕行至庙所，亮与手力一时俱进。

去庙屋二十许步，有两铜镬[①]，容百余斛，中有巨蛇，长十余丈，出遮行路。亮乃正仪执锡，咒愿数十言，蛇忽然而隐。俄见一人秉竹笏[2]而出，云："闻法师道业非凡，营福事重，今特相随喜。"于是令人辇取，庙铜既多，十未取一，而舫已满。唯神床头有一唾壶，中有一蝘蜓[3]，长二尺许，乍出乍入，议者咸云神最爱此物，亮遂不取。于是而去，遇风水甚利，比群蛮相报，追逐不复能及。还都铸像既成，唯焰光未备。宋文帝为造金薄圆光，安置彭城寺，至宋太始中，明帝移像湘宫寺，今犹在焉。

注释

①**铜镬**：古代指无足之铜鼎，南方亦以指锅。

②**竹笏**：用竹片制成的竹板。

③**蝘蜓**：蜥蜴之属。晋崔豹《古今注·鱼虫》："蝘蜓，一名龙子，一曰守宫，……其长细五色者，名为蜥蜴。"

译文

释僧亮，俗家姓氏不详，其祖籍及出生年月也不可考，少年时就以戒行闻名。有一次，他欲建造丈六金身，所需之铜，不是靠少量化缘所能解决，听说湘州界铜溪伍子胥庙有很多铜器，而此庙甚是威严，无人敢到庙里去。僧亮听到这消息后，就欲到该庙去运一些铜器来建造佛像。他请求刺史张劭借给他百位健壮劳力，大船十艘。刺史张劭对他说："此庙向来都很灵验，有触犯它者必死无疑，现在还有一些当地土人在那里守护，怎么能运得了铜器呢？"僧亮曰："如果能运出铜器，造像兴福，我愿与施主分享；如果因此受到庙神惩罚，我愿意一个人承担。"张劭就给了他所需的劳力、船只，走了三日三夜，到了该庙所在地。僧亮就与众劳力一起进入庙里。

距离庙有二十多步远处，有两个铜鼎，各可容百斗。鼎中有一条大蛇，长十余丈，当他们欲进庙时，那蛇就爬出来挡路。僧亮执锡念咒数十遍，蛇忽然隐没。过了片刻时间，又见到一个人手持竹板，从里面出来，并说："知悉法师道业非凡，今欲用这些铜造像兴福，现就把这些送予你吧。"于是僧亮令众劳力搬取。因为庙里的铜器很多，所取十不及一，而船已经满载。当时庙里神床头有一唾壶，中有一条蜥蜴，长约二尺，在那里进出，大家私下都在议论说："庙神最喜爱此生物。"僧亮遂不取此唾壶。等船上装满铜器后，大家就出发了。途中遇大风，船顺流而下，走得很快，当地的土人得知庙中的铜器被人运走后，都出来追赶，但怎么也赶不上了。回都城后，僧亮就用这些铜器造像。佛像造成后，觉得不很明亮，宋文帝又赐予金箔饰像，并把佛像安置于彭城寺。到宋太始年间，明帝又把此像移至湘宫寺中，于今犹存。

10 经师

宋安乐寺释道慧

原典

释道慧，姓张，浔阳柴桑[①]人。年二十四出家，止庐山寺。志行清贞，博涉经典，特禀自然之声，故偏好转读，发响合奇，制无定准；条章析句，绮丽分明。后出都，止安乐寺，转读之名，大盛京邑。晚移朱方竹林寺，诵经数万言。每夕讽咏，转闻暗中有弹指唱萨之声。宋大明二年卒，春秋五十有一。

注释

①**浔阳柴桑：**今江西九江市西南。

译文

释道慧，俗姓张，浔阳柴桑（今江西九江市西南）人，二十四岁出家，止住于庐山寺。道行坚贞、清纯，博览群经，尤善于体味自然的声音，故偏好转读，发音清妙，而又没有固定的格式可循；剖析经句，则极是清晰分明。后来，他到了京都，止住于安乐寺，擅长转读之名声大振于京城。晚年移居朱方（今江苏丹徒）竹林寺，诵经数万言。每天傍晚诵经转读时，隐隐约约地伴有弹指唱萨之声。宋大明二年（公元四五八年）卒，世寿五十一。

11　唱导

宋京师祇洹寺释道照

原典

释道照，姓曲，西平[①]人。少善尺牍，兼博经史，十八出家，止京师祇洹寺。披览群典，以宣唱为业。音吐嘹亮，洗悟尘心；指事适时，言不孤发。独步于宋代之初。宋武帝尝于内殿斋，照初夜略叙百年迅速，迁灭俄顷，苦乐参差，必由因果。如来慈应六道，陛下抚矜一切。帝言善。又之。斋竟，别嚫[②]三万。临川王道规，从受五戒，奉为门师。宋元嘉十年卒，年六十六。

注释

①**西平**：古县名，在今河南省境内。

②**嚫**：布施供养僧尼之意。

译文

释道照，俗姓曲，西平（今河南境内）人，少年时擅长书写，并博览经史，十八岁出家，止住于京都祇洹寺，遍读群籍，以宣唱为业。他宣唱时吐音嘹亮，颇能洗涤尘心；譬喻精彩、丰富，使听者兴致盎然。刘宋初年，独步于佛教界。宋武帝曾于内殿设斋请他宣唱经典。开始时，道照简叙世事无常，百年迅速，生住异灭，念念不住，苦乐参差，皆由因果。如来慈及六道，陛下救济哀怜一切。武帝称善。斋会结束时，财施三万。临川王道规，从之受五戒，奉为师父。宋元嘉十年（公元四三三年）卒，世寿六十六。

源
流

《高僧传》虽是第一部有系统之僧传，但是，在中国佛教史上，始作僧传者，并非慧皎其人。早在慧皎之前，已有不少记述僧人事迹之书问世，其中有些书直接以僧传命名，有些书则以记载寺塔为主，其中附见僧人之行事活动，有些是在记述鬼怪神异故事中附载僧人的事迹。在梁慧皎之前，这些书主要有如下三大类，近二十部：

一、《高逸沙门传》，竺法济撰。此书之特点是“偏叙高逸一迹”，亦即偏重于记载那些清高、超逸之僧人或僧人之清高、超逸事迹，其余的则不述及。

二、《僧传》，法安撰。此书的特点是“但列志节一行”，亦即只记叙那些志节高尚之沙门。

三、《游方传》，僧宝撰。此书主要记载印度来华之游方僧。

四、《江东名德传》，法进撰。此书只记述江东一带的沙门。

五、《僧史》，王巾撰。照慧皎的说法，此书较注重于僧“史”的统摄、连贯，而文体未足。

六、《三宝纪传》，齐竟陵王撰。此书或称之为《佛史》《僧录》。因为佛、法、僧三宝俱载，故虽涉及面较广，但较混杂。

七、《出三藏记集》，僧祐撰。此书主要记载东汉至梁所译经、律、论的目录、序记及译经人的传记等。按慧皎说法，此书所载“止有三十余僧”。

此类直接冠以《僧传》《僧史》之书，还有郄景兴所撰之《东山僧传》、张孝季所撰之《庐山僧传》、陆明霞所撰之《沙门传》等。

此外，还有一类，并非僧人所撰，所载亦非全为僧人事迹，而是在记述世间奇闻杂说、神异故事中附见某一僧人之行事。如：

八、《宣验记》，临川康王刘义庆撰。此书主要记述轮回、报应、感应等事，有些僧人之神异事迹也收录其中，如慧皎《高僧传》中有关康僧会之事迹就曾取材于此书。

九、《幽冥录》，刘义庆撰。此书主要记述因果业报、轮回报应之事，附载一些僧人（如竺法兰、安世高、佛图澄等）的事迹。

十、《冥祥记》，王琰撰。慧皎《高僧传》取材于此书之材料甚多，如慧远、慧义、单道开、竺佛调、僧群、慧进等。

十一、《感应传》，王延秀撰。此书主要写感应故事。

十二、《搜神录》，陶渊明撰。此书类似于干宝之《搜神记》，以“搜奇记逸”为主，载有许多鬼怪神异之事，亦间或载有僧人之神异事迹，如慧皎所说之“并傍出诸僧”。

第三类书是以记叙寺塔为主，傍及僧人之行事活动。这类书如：

十三、《益部寺记》，刘悛撰。此书虽是寺记，但寺离不开僧，故也列有不少僧人之事迹。

十四、《京师寺记》，昙宗撰。此书主要记载京都之寺塔，但也载有僧人事迹，如慧皎《高僧传》中之安世高事迹就曾取材于此书。

正如我们在《题解》中所说，这些书或只限于一时一地，或只收录一行一迹，既未能包容某一僧人的全部行事活动，更不能反映时代佛教活动之全貌，因此，慧皎在广泛吸收前人成果的基础上，写出了包含并远远超出了以往诸书的《高僧传》。

《高僧传》作为中国佛教史籍中的一部名著，俱录于宋、元、明、清各藏经之中，亦被日本大正一切经刊行会所编之《大正新修大藏经》、弘教书院刊印之《大藏经》和藏经书院刊印之《大藏经》所收录，均为十四卷。首次将此书单刻印行的是“海山仙馆”。此单行本的款式与藏经诸本无大异，只是把目录改置卷首，以便检举、查阅。再后，把此传单本印行的，是“金陵刻经处”。该刻经处创办者杨仁山居士对本传之卷帙做了一些调整，把原本之十四卷改为十六卷，各卷所含之内容也稍有变动，现把《大正藏》本与金陵刻经处本各卷之内容比照如下：

《大正藏》本		金陵刻经处本	
			序、总目录
卷一至卷三	译经	卷一至卷三	译经
卷四至卷八	义解	卷四至卷九	义解
卷九至卷十	神异	卷十至卷十一	神异
卷十一	习禅、明律		
卷十二	忘身、诵经	卷十二	习禅
卷十三	兴福、经师、唱导	卷十三	明律、忘身
卷十四	序、总目录 及慧皎与王曼颖往返文书	卷十四	诵经、兴福
		卷十五	经师、唱导
		卷十六	慧皎与王曼颖往返文书

金陵刻经处本把原附于传末之序、目录移至全书卷首，把《慧皎与王曼颖往返文书》附于传末，此种编排与现代书籍之体系构架较接近，同时有利于读者在读传记之前，就能对全书构架及写作背景有所了解，故本书在内容编排上采用金陵刻经处本。至于全书卷数，因各种藏经乃至辞书均为十四卷，为方便读者查询，各卷与各科目之对应关系，则依《大正藏》本。

另外，在书名问题上，藏经中多径称《高僧传》。由于自此传之后，又有唐道宣所撰之《唐高僧传》、宋赞宁所撰之《宋高僧传》、明如惺所撰之《明高僧传》，为了使读者能一目了然而不致混淆，本书以《梁高僧传》为名。

解说

中国古来就有“道由人弘”的说法，意谓任何一种学说、主张乃至任何一种宗教、文化，都有赖于人的传扬、弘化。如果说，佛教“三宝”中“法”即是指佛之“道”，那么，此中之“僧宝”就担负着弘扬“佛道”之使命，此正如元代僧人昙噩在《六学僧传·序》中所说：“佛法非僧业弗行，僧业非佛法弗明。”可见，僧业对于佛法之传布具有十分重要的作用。为了使历史上高僧之德业能够得到表彰和弘扬，更为了时僧有所依仿、后人得到启迪，从而使佛法能够不断发扬光大——历代作者正是出于这一目的而费尽心血编纂各种《高僧传》。

自六朝至宋明各部僧传所辑录的历代高僧，或以传译经典、阐释义理而使慧灯长传；或以神通利物、遗身济众而使佛法深入人心；有的以精进修禅为四方禅林作则；有的则以戒律严谨而成为天下学僧之模范。凡此等等，历代《高僧传》确实具有"明僧业而弘佛法"之宗教意义。

其次，作为僧传，各部《高僧传》之史学价值更是毋庸置疑。不难想象，如果没有这代代相续之各部《高僧传》，治中国佛教史者恐将无从下手。不但如此，由于各部《高僧传》都是作者或花费数十年心血，甚或倾注毕生精力才完成的，他们或南走闽越、北走燕台，或身临大川、足履危岩，碌碌奔波于荒山废刹之间，苦心搜讨于各种碑铭墓志之上，因此，僧传中所记录的许多资料，往往为正史所不载而又是研究当时许多思想家特别是佛教思想家所不可或缺的。就此而论，各部《高僧传》不仅具有重要的宗教意义，而且具有重要的学术价值。

进而论之，自慧皎倡高蹈远遁，易"名"以"高"，以高风亮节为选录传主之标准后，各部《高僧传》多注重僧人之道行德操，正因为如此，每个有缘读到《高僧传》的人，从书中所得到的，就不仅仅是一些佛教知识和历史资料，而是可以在思想上得到洗练或薰陶。从这个意义上说，《高僧传》还具有温渥人心、净化心灵的作用。

另外，正如宗教本身就是一种文化现象，《高僧传》之文化价值也是不容忽视的。在《梁》《唐》《宋》三部僧传中，人们看到了不同地域、不同民族之间的文化交流与融汇，从法显之《佛国记》到玄奘之《大唐西域记》，再到义净之《南海寄归内法传》等，都在中外文化交流史上留下了光辉的一页。虽然从主观上说，他们也许是为求法而西行或为弘教而求法，但在客观上，他们为中印文化之交流所起的作用是有目共睹的。再如译经，把印度佛典翻译成汉语，这本身就是一个文化的传播与交流。《高僧传》中屡屡语及的佛经翻译之历史衍变及译经之规则——诸如道安之“五失本三不易”、隋彦琮之“八备”、唐玄奘之“五不翻”及宋赞宁之“六例”等，对于今日世界各国之间的文化传播与交流都具有重要的参考意义。

当然，《高僧传》作为古代僧人的著作，一如所有的历史著作一样，都有其二重性，例如传中在赞颂高僧之道行时，往往过分渲染其神通，以至于挪动嵩岳于千里之外也易如反掌等等，这些都有待读者加以理性的审视和甄别；又如传中虽然提供了许多甚至连正史也不曾言及的十分宝贵的历史资料，但是，史实不当、记载错误之事亦屡屡有之，这就要求读者应该善于去伪存真，弃其糟粕、取其精华，唯有如此，才能真正做到开卷有益。

参考书目

1.《西域地名》 冯承钧原编　陆峻岭增订　中华书局　一九八二年版

2.《释迦方志》（唐）道宣著　中华书局　一九八三年版

3.《大慈恩寺三藏法师传》（唐）慧立　彦悰著　中华书局　一九八三年版

4.《法苑珠林》（唐）道世编纂　上海古籍出版社　一九九一年版　宋碛砂藏影印本

5.《太平广记》（宋）李昉等编　中华书局　一九八六年版

6.《一切经音义》（唐）慧琳撰　上海古籍出版社据狮谷本影印　一九八八年版

7.《搜神记》（晋）干宝撰　岳麓书社　一九八九年版

8.《世说新语》（刘宋）刘义庆撰　岳麓书社　一九八九年版

9.《魏书·释老志》（齐）魏收撰　上海古籍出版社、上海书店　一九八七年版

10.《隋书·经籍志》（唐）魏征撰　上海古籍出版社、上海书店　一九八七年版

11.《中国佛教史传丛刊》（第二册）　建康书局　一九五八年版

12.《佛学研究十八篇》　梁启超著　中华书局　一九八九年影印本

13.《中国佛教史籍概论》　陈垣撰　中华书局　一九八八年版

14.《佛家名相通释》　熊十力著　中国大百科全书出版社　一九八五年版

15.《汉魏两晋南北朝佛教史》　汤用彤著　中华书局　一九八三年版

16.《隋唐佛教史稿》　汤用彤著　中华书局　一九八二年版

17.《周叔迦佛学论著集》　周叔迦著　中华书局　一九九一年版

18.《中国佛教史》（第一卷、第二卷、第三卷）　任继愈主编　中国社会科学出版社　一九八八年版

19.《佛光大辞典》 佛光出版社 一九八八年版

20.《佛学大辞典》 丁福保编纂 文物出版社 一九八四年版

21.《三藏法数》（明）一如法师编纂 佛陀教育基金会 一九九一年印

22.《中国人名大辞典》 臧励和等编 上海书店据商务印书馆 一九二一年版影印

23.《中国佛教》（一、二） 中国佛教协会编 知识出版社 一九八六年版

24.《中国古今地名大辞典》 臧励和等编 商务印书馆 一九三一年版

25.《中国佛学人名辞典》 比丘明复编 中华书局 一九八七年影印本

26.《佛典精解》 陈士强撰 上海古籍出版社 一九九二年版

27.《高僧传研究》 郑郁卿著 文津出版社 一九八七年版

28.《佛门人物志》 褚柏思著 传记文学出版社 一九七九年版

29.《中国历代思想家传记汇诠》（魏晋—北宋分册）王蘧常主编 复旦大学出版社 一九八八年版

30.《中国古代宗教与神话考》 丁山撰 上海文艺

出版社　一九八八年影印本

31.《印度佛教史》 多罗那他著　张建木译　四川民族出版社　一九八八年版

32.《佛藏子目引得》 洪业等编纂　上海古籍出版社　一九八六年版

33.《骈字类编》（清）张廷玉等编　中国书店　一九八八年版

34.《中国佛教思想资料选编》 石峻等编　中华书局　一九八三年版

出版后记

星云大师说："我童年出家的栖霞寺里面，有一座庄严的藏经楼，楼上收藏佛经，楼下是法堂，平常如同圣地一般，戒备森严，不准亲近一步。后来好不容易有机缘进到藏经楼，见到那些经书，大都是木刻本，既没有分段也没有标点，有如天书，当然我是看不懂的。"大师忧心《大藏经》卷帙浩繁，又藏于深山宝刹，平常百姓只能望藏兴叹；藏海无边，文辞古朴，亦让人望文却步。在大师倡导主持下，集合两岸近百位学者，经五年之努力，终于编修了这部多层次、多角度、全面反映佛教文化的白话精华大藏经——《中国佛教经典宝藏》，将佛教深睿的奥义妙法通俗地再现今世，为现代人提供学佛求法的方便途径。

完整地引进《中国佛教经典宝藏》是我们的夙愿，

三年来，我们组织了简体字版的编审委员会，编订了详细精当的《编辑手册》，吸收了近二十年来佛学研究的新成果，对整套丛书重新编审编校。需要说明的是此次出版将丛书名更改为《中国佛学经典宝藏》。

佛曰：一旦起心动念，也就有了因果。三年的不懈努力，终于功德圆满。一百三十二册，精校精勘，美轮美奂。翰墨书香，融入经藏智慧；典雅庄严，裹沁着玄妙法门。我们相信，大师与经藏的智慧一定能普应于世，济助众生。

东方出版社

图书在版编目（CIP）数据

梁高僧传 / 赖永海 释译 . —北京：东方出版社，2020.3
（中国佛学经典宝藏）
ISBN 978-7-5060-8628-8

Ⅰ. ①梁… Ⅱ. ①赖… Ⅲ. ①僧侣—列传—中国—后梁②《梁高僧传》—注释③《梁高僧传》—译文 Ⅳ. ① B949. 92

中国版本图书馆 CIP 数据核字（2015）第 289528 号

梁高僧传
（LIANG GAOSENG ZHUAN）

释 译 者：赖永海
责任编辑：王梦楠　杨　灿
出　　版：东方出版社
发　　行：人民东方出版传媒有限公司
地　　址：北京市朝阳区西坝河北里 51 号
邮　　编：100028
印　　刷：北京大兴县新魏印刷厂
版　　次：2020 年 3 月第 1 版
印　　次：2020 年 3 月第 1 次印刷
开　　本：880 毫米 ×1230 毫米　1/32
印　　张：11
字　　数：162 千字
书　　号：ISBN 978-7-5060-8628-8
定　　价：58.00 元
发行电话：（010）85924663　85924644　85924641